ライブラリ 法学基本講義 11

基本講義
手形・小切手法
第2版

早川　徹 著

新世社

編者のことば

21世紀を迎え，わが国は，近代国家としての歩みを開始して足かけ3世紀目に入った。近代国家と法律学は密接な関係を有している。当初は藩閥官僚国家と輸入法学であったものが，とりわけ第2次大戦後，国家と社会の大きな変動を経て，法律がしだいに国民生活に根ざすようになるとともに，法律学各分野はめざましく発展し，わが国独自の蓄積を持つようになってきている。むしろ，昨今は，発展途上国に対して，法整備支援として，法律の起草や運用について，わが国の経験に照らした知的国際協力が行われるまでに至っている。他方で，グローバリゼーションの急速な進展は，海外の法制度とのハーモナイゼーションをわが国に求めており，外国法の影響も明治の法制度輸入期とは違った意味で大きくなっている。

そのような中で，2001年6月に出された司法制度改革審議会意見書は，2割司法と言われた従来の行政主導・政治主導型の国家から，近代国家にふさわしい「より大きな司法」，「開かれた司法」を備えた国家への転換を目指そうとしている。このためには，司法制度整備，法曹養成，国民の司法参加のいずれの面においても，法律学の役割が一層大きくなることが明らかである。

このような時期に「ライブラリ法学基本講義」を送り出す。本ライブラリの各巻は，教育・研究の第一線で活躍する単独の中堅学者が，法律学の各基本分野について，最新の動向を踏まえた上で，学習内容の全体が見通しやすいように，膨大な全体像を執筆者の責任と工夫においてコンパクトにまとめている。読者は，本ライブラリで学習することによって，法律学の各基本分野のエッセンスを習得し，さらに進んだ専門分野を学ぶための素地を養成することができるであろう。

司法改革の一環として，大学法学部とは別に，法曹養成のための法科大学院（ロースクール）が新たにスタートすることとなり，法学教育は第2次大戦後最大の変動期を迎えている。より多くの読者が，本ライブラリで学んで，法曹として，また社会人として，国民として，開かれた司法の一翼を担うにふさわしい知識を身に付けられることを期待する。

2001年7月

松本　恒雄

第2版へのはしがき

　本書がコンパクトな手形法・小切手法の教科書として多くの読者に暖かく迎えられたことは，著者にとってたいへんな喜びである。

　さて，2017年に民法（債権関係）の改正法が成立したのに続き，2018年には商法の改正法が成立し，これら改正法に合うように本書を改訂する必要が生じた。加えて，初版のはしがきでも触れたように，2007年に電子記録債権法が成立するなど，信用手段として手形に代わる仕組みがますます重要な地位を占めるようになっており，これらの仕組みについても言及する必要も感じられるところである。こうした経緯から，このたび解説内容をアップデイトした第2版を刊行する次第である。

　ただ，多くの大学で手形法の講義は半期2単位科目であり，コンパクトな教科書という特徴を考慮すると，手形に代わる仕組みについての解説に多くの頁を費やすことはためらわれることもあり，そちらについては概略の説明にとどめている。さらに，全体のページ数を増やさないために，記述項目を精選し，（私としては大胆に）初版の解説を割愛している。これらに関しては，読者からのご意見をいただくことができれば幸いである。

　第2版の執筆に際しても，新世社編集部の御園生晴彦氏にはたいへんお世話になった。厚く御礼申し上げる。

　2018年10月

早川　　徹

初版へのはしがき

　本書は，関西大学における手形・小切手法の講義ノートを，「ライブラリ法学基本講義」用にコンパクトに書き改めたものである。想定読者は，法学部学生および法科大学院の法学未修者であるが，法科大学院の法学既修者が手形・小切手法を学び直す場合にも役立つものであると思う。

　本書では，いわゆる手形理論をめぐる学説の対立には，手形・小切手法の基本を理解するのに必要ないと考え，あえてふれていない。本書は，交付契約説を基礎に権利外観理論によって取引の安全を図るという立場で書かれている。他方，基本の理解にとって重要と思われる論点については，コラムを配し相当に詳細な解説を行っているので，興味のある方は一読して欲しい。

　手形・小切手と銀行実務との関わりについてもできるだけ言及したつもりだが，ファクタリングや一括支払システム，さらには，2007年1月16日に法制審議会の電子債権法部会で要綱案がとりまとめられた「電子登録債権」などの，手形に代わる仕組みについての解説は割愛させていただいた。

　なお，銀行取引約定書については，2000年4月にひな型が廃止され，各銀行独自の銀行取引約定書が用いられているが，規定内容に大きな違いはないため，本書では便宜上，ひな型の条文番号で引用している。

　本書の刊行にあたっては，新世社編集部の御園生晴彦氏と安原弘樹氏に大変お世話になった。特に，御園生氏には，読者の立場に立った助言を含め，多くの支援をいただいた。厚くお礼を申し上げる。

　2007年1月

早川　徹

目　次

第1編　総　論 ——————————————————— 1

第1章　手形・小切手の意義・法的構造　　　3

1.1　約束手形 ……………………………………………… 3
約束手形の振出人の責任

1.2　為替手形 ……………………………………………… 4
支払人の責任＝引受（手28条1項）／為替手形の振出人の責任
＝担保責任（手9条1項）

1.3　手形の裏書 …………………………………………… 7
裏書の意義／裏書人の責任＝担保責任（手15条1項・77条1項1号）

1.4　小切手 ………………………………………………… 8

1.5　小切手と手形の違い ………………………………… 9

第2章　手形・小切手の経済的機能と銀行取引　　10

2.1　支払の手段　小切手 ………………………………… 10

2.2　信用の手段　約束手形 ……………………………… 11
商業手形と手形割引／金融の手段としての手形の利用

2.3　送金・取立の手段 …………………………………… 15
送金の手段／取立の手段

2.4　約束手形・小切手と銀行取引 ……………………… 17
約束手形・小切手の振出／約束手形・小切手の譲渡／約束手形
・小切手の支払＝手形交換／手形交換所の取引停止処分／約束
手形・小切手の支払＝振出人と支払銀行

iii

第3章　有価証券　21

3.1　有価証券とは何か　21
権利と証券の結びつき／有価証券の種類（権利者の指定方法による分類）／有価証券と区別されるべき証券・証書

3.2　権利行使における証券の意義　25
呈示証券性／受戻証券性／（裏書の連続する）証券の所持と権利推定＝形式的資格／証券の喪失・滅失と権利行使＝除権決定

3.3　権利譲渡における証券の意義　28
権利譲渡と証券の交付／善意取得

3.4　権利の存在および内容に関する証券の意義　30
有因証券と無因証券／文言証券

第2編　手形行為　35

第4章　手形行為の意義と特性　37

4.1　手形行為の意義　37

4.2　手形行為の特性　38
手形行為の要式性・書面性／手形行為の無因性／手形行為の文言性／手形行為独立の原則

第5章　手形行為の成立要件　46

5.1　署　名　46
署名の必要性／署名の方式

5.2　手形の交付　51

第6章　手形行為の有効要件　55

6.1　手形権利能力　55

6.2 手形行為能力 ・・・・・・・・・・・・・・・・・・・・・・・・・・・・・・・・・・・・・・・ 56

意思能力/行為能力/制限行為能力者等の手形行為/追認・取消しの相手方

6.3 手形行為と公序良俗違反 ・・・・・・・・・・・・・・・・・・・・・・・・・・ 59

6.4 意思表示に関する民法の規定 ・・・・・・・・・・・・・・・・・・・・ 60

手形行為と権利外観/手形行為と錯誤/手形行為と詐欺・強迫

第7章　他人による手形行為　　　　　　　　65

7.1 他人による手形行為の方式 ・・・・・・・・・・・・・・・・・・・・・・・・ 65

手形行為の代理/機関方式による手形行為

7.2 実質的要件 ・・ 68

代理権の濫用/取締役・会社間の手形行為

第8章　無権代理と偽造　　　　　　　　　70

8.1 無権代理 ・・・ 70

本人の責任/無権代理人の責任/越権代理/責任を履行した無権代理人の地位

8.2 偽　造 ・・ 72

被偽造者（名義人）の責任/偽造者の責任

8.3 表見代理 ・・・ 75

表見代理により保護される第三者/その他，商法・会社法の規定による善意の手形取得者の保護/偽造と表見代理/使用者責任による手形所持人の保護/名板貸

第3編　約束手形　　　　　　　　　　　83

第9章　振　出　　　　　　　　　　　85

9.1 振出の意義および効力 ・・・・・・・・・・・・・・・・・・・・・・・・・・・・ 85

振出の意義/振出の効力

9.2 基本手形 ……………………………………………………………… 86
手形の記載事項／統一手形用紙／印紙の貼用

9.3 手形要件 ……………………………………………………………… 88
約束手形文句（手75条1号）／支払約束文句（手75条2号後段）／手形金額（手75条2号前段）／満期（手75条3号）／支払地（手75条4号）／振出日（手75条6号）／振出地（手75条6号）／手形当事者＝振出人の署名（手75条7号）と受取人の記載（手75条5号）／手形要件の欠缺と救済規定（手76条）

9.4 有益的記載事項 ……………………………………………………… 97
利息文句／第三者方払文句

9.5 無益的記載事項 ……………………………………………………… 98

9.6 有害的記載事項 ……………………………………………………… 99

第10章　白地手形・手形の変造　　100

10.1 白地手形の意義 ……………………………………………………… 100
白地手形の要件／白地手形上の権利

10.2 補　充　権 ………………………………………………………… 102
補充権の意義と性質／補充をなすべき時期／白地の不当補充

10.3 白地手形の流通と権利の行使 …………………………………… 108
白地手形の流通／白地手形による権利の行使

10.4 変　　造 …………………………………………………………… 110
変造の意義／変造の効果＝手形法69条／変造と立証責任

第11章　裏　書　　114

11.1 約束手形の譲渡 ……………………………………………………… 114
裏書による手形の譲渡／譲渡裏書の成立／譲渡裏書の方式

11.2 譲渡裏書の効力 ……………………………………………………… 117
権利移転的効力／担保的効力／資格授与的効力

11.3 裏書の連続 …………………………………………………………… 120
裏書連続の意義／裏書連続の効果／裏書連続の判断／裏書の連続による権利推定／裏書の不連続と権利行使／裏書禁止手形（指図禁止手形）／裏書によらない手形の譲渡

第12章　善意の手形取得者の保護　　130

12.1　抗弁の制限と手形抗弁 ·································130
抗弁の切断／物的抗弁と人的抗弁

12.2　物的抗弁 ···132

12.3　人的抗弁 ···133
手形法17条の人的抗弁／手形法17条の予定していない人的抗弁
／人的抗弁の当事者＝直接の当事者／悪意の抗弁（手17条但書）
／人的抗弁の個別性

12.4　善意取得 ···144
善意取得の要件／善意取得によって治癒される瑕疵の範囲／取
得者に悪意・重過失のないこと

第13章　特殊の裏書　　149

13.1　特殊の譲渡裏書 ·····································149
戻裏書／期限後裏書

13.2　特殊の裏書 ···154
公然の取立委任裏書／隠れた取立委任裏書／銀行への取立委任
裏書と裏書人の破産／質入裏書

第14章　手形の支払　　164

14.1　支払のための呈示 ···································164
支払と支払呈示／支払呈示の時期／支払呈示の場所

14.2　支払の方法 ···166
金銭の支払・一部支払／受戻証券性

14.3　振出人の免責 ·······································168
迅速な支払の確保／免責の要件／遡求義務者による支払／支払担
当者による支払

14.4　支払の猶予 ···174
手形外の合意としての支払猶予／既存の手形上の満期記載の変
更／手形書換

■ 目　次　*vii*

第15章　遡　求　178

15.1　遡求の当事者 …………………………………………178

15.2　手形債務者の合同責任 ………………………………179

15.3　遡求の要件 …………………………………………179

15.4　遡求の通知 …………………………………………181

15.5　不可抗力による期間の伸長 …………………………181

15.6　遡求金額 ……………………………………………182

15.7　遡求の方法 …………………………………………182

第16章　手形保証・隠れた保証のための裏書　183

16.1　手形保証の意義・方式 ………………………………183

16.2　手形保証の付従性と独立性 …………………………184

16.3　手形保証人の求償権 …………………………………186

16.4　隠れた保証のための裏書 ……………………………186

第17章　時効・利得償還請求権・除権決定・手形訴訟　187

17.1　手形の時効 …………………………………………187

17.2　支払に代えて，支払のため，担保のため …………188

17.3　利得償還請求権 ……………………………………189

17.4　手形の喪失と除権決定 ………………………………192

17.5　手形訴訟 ……………………………………………194
総論／手形訴訟の概要／通常の手続への移行

第4編　為替手形・小切手 —————————— 197

第18章　為替手形　199

18.1　振　出 ……………………………………………… 199
18.2　引　受 ……………………………………………… 201
18.3　支　払 ……………………………………………… 204
18.4　遡　求 ……………………………………………… 204
18.5　参　加 ……………………………………………… 205
18.6　複本・謄本 …………………………………………… 206

第19章　小　切　手　207

19.1　振　出 ……………………………………………… 208
19.2　流　通 ……………………………………………… 210
19.3　小切手保証・支払保証・預手 ……………………… 211
19.4　支　払 ……………………………………………… 213
19.5　線引小切手 …………………………………………… 215
19.6　遡求その他 …………………………………………… 217

補論　手形に代わる信用手段　219

補論-1　一括決済方式 ………………………………………… 219
補論-2　電子記録債権 ………………………………………… 220

事項索引 ……………………………………………………… 227
判例索引 ……………………………………………………… 232

凡　例

(1)　法 令 名

印税　　　印紙税法
会　　　　会社法
会社更生　会社更生法
金商取引　金融商品取引法
刑　　　　刑法
小　　　　小切手法
国際海運　国際海上物品運送法
商　　　　商法
担信　　　担保社債信託法
手　　　　手形法
抵証　　　抵当証券法

電子記録　電子記録債権法
電子署名　電子署名及び認証業務
　　　　　　に関する法律
日銀　　　日本銀行法
破　　　　破産法
非訟　　　非訟事件手続法
民　　　　民法
民事再生　民事再生法
民執　　　民事執行法
民訴　　　民事訴訟法
民訴規　　民事訴訟規則

(2)　判 例

下民集　　下級裁判所民事判例集
金判　　　金融・商事判例
刑集　　　最高裁判所刑事判例集
高民集　　高等裁判所民事判例集
裁判集民　最高裁判所裁判集民事
新聞　　　法律新聞

判時　　　判例時報
判タ　　　判例タイムズ
法学　　　法律学説判例評論全集
民集　　　大審院民事判例集，最
　　　　　　高裁判所民事判例集
民録　　　大審院民事判例録

(3)　判 例 集

高判　　　高等裁判所判決
最大判　　最高裁判所大法廷判決
最判　　　最高裁判所判決

大判　　　大審院判決
地判　　　地方裁判所判決

(4)　そ の 他

百選　　　　　　　神田秀樹・神作裕之編『手形小切手判例百選［第7版］』
　　　　　　　　　（有斐閣，2014）
会社百選　　　　　岩原紳作・神作裕之・藤田友敬編『会社法判例百選［第3
　　　　　　　　　版］』（有斐閣，2016）
総則・商行為百選　江頭憲治郎・山下友信編『商法（総則・商行為）判例百選
　　　　　　　　　［第5版］』（有斐閣，2008）

第 1 編

総　論

第1章

手形・小切手の意義・法的構造

　手形・小切手とは，一定の金銭の支払を目的とする有価証券（⇨第3章）である。手形・小切手は，主として，企業間における決済手段や金融の手段として，あるいは，国際取引における送金・決済手段として利用されている。

　手形には，約束手形と為替手形の2種類があり，手形法がこれを規定している。小切手は，その法的構造は為替手形に類似するが，経済的機能の違いから，手形法とは別の小切手法によって規定されている。

1.1　約束手形

　約束手形とは，振出人が受取人に対して，約束の日（満期）に一定の金額（手形金額）を支払うことを約束する証券（支払約束証券）である（手75条）。

> ［事例1-1］　約束手形の振出　　AがBから商品を仕入れるに当たり，仕入代金100万円の支払を商品の引渡から3ヶ月後とすることがA・B間で合意された。この合意に基づき，買主Aは，売主Bを受取人，満期を3ヶ月後，手形金額を100万円とする約束手形を振り出す。
> 　Aが満期に手形を支払うことで，A・B間の代金債務が決済される。

　約束手形の振出には，約束手形を作成して支払を約束する振出人と，約束手形の振出を受ける受取人の2当事者が関与する。

約束手形

1.1.1 約束手形の振出人の責任

　約束手形の振出人は，自ら手形の支払を約束している。この支払約束は，法的に見れば，約束手形の振出人が手形を支払うべき義務（手形債務）を負担する旨の意思表示である。約束手形の振出人は，手形上に支払約束という意思表示をしたことに基づき，**手形金支払義務**を負う。この振出人の義務に対応して，受取人は，振出人に対して**手形金支払請求権**を取得することになる。

1.2　為替手形

　為替手形とは，振出人が支払人に宛てて，受取人に対して満期に手形金額を支払うべきことを委託する証券（**支払委託証券**）である（手1条）。

> ［事例1-2］　**為替手形の振出**　　［事例1-1］において，Aが東京に，Bが大阪にそれぞれいる。Aは大阪のCに対して100万円の金銭債権を有しており，その取立金でBに対する仕入代金を支払いたいと考えている。Bもこのような方法による支払に異存がない。この場合，買主Aは，Cを支払人，売主Bを受取人，満期を3ヶ月後，手形金額を100万円とする為替手形を振り出す。
> 　Cが満期に為替手形を支払うことで，A・B間およびA・C間の債務が決済される。

為替手形の振出では，為替手形を作成して支払を委託する振出人と為替手形の振出を受ける受取人のほかに，振出人からの委託に基づいて為替手形を支払う支払人を加えた3当事者が関与する。

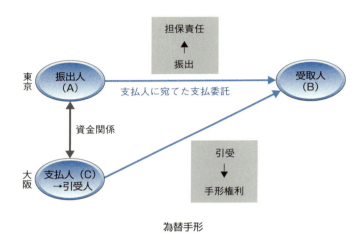

為替手形

1.2.1　支払人の責任＝引受（手28条1項）

　為替手形は支払委託証券であり，振出人ではなく，支払人が手形を支払うことを予定している。しかし，支払人は，為替手形の振出により，当然に手形の支払義務を負うのではない。支払人は，振出人の支払委託に応じて手形の支払を引き受ける旨の意思表示（引受）を手形に行ってはじめて手形の支払義務を負う。支払人が為替手形を引き受けて手形金支払義務を負うと，引受人と呼ばれる。為替手形の引受人は，基本的に，約束手形の振出人と同じ性質の手形支払義務を負う。

1.2.2　為替手形の振出人の責任＝担保責任（手9条1項）

　支払人が為替手形を引き受けてその支払をするのは，振出人との間にそれに応じた法律関係（資金関係）があるからであろう。しかし，これは手形外の法律関係であり，支払人は引受をする手形上の義務を負うわけでは

ない。支払人は，引受をすれば手形の支払義務を負うが，引受をしなければ，手形上，何らの責任も負わない。これでは，為替手形の受取人（その後の手形所持人）の立場は極めて不安定である。そこで手形法は，為替手形の振出人は手形の引受および支払を担保する責任（**担保責任**）を負うことを定める（手9条1項）。為替手形が引き受けられなかった場合，または，支払われなかった場合，為替手形の振出人は担保違反を理由に手形を支払うべき義務を負う。

為替手形と約束手形との違いに注意してほしい。為替手形において手形を支払うべき者は振出人ではなく支払人である。為替手形の支払人は，引受という意思表示を手形に行ってはじめて引受人として手形の支払義務を負うが，それまでは手形の支払義務を負わない。為替手形において，約束手形の振出人と同じ立場にあるのは，引受人である。他方，為替手形の振出人は引受および支払につき担保責任を負うが，これは手形の裏書人の責任（⇨1.3.2）と同じである。

❖ **手形法の構造**

わが国の手形法は，1930年（昭和5年）に成立した手形法を統一するための**ジュネーブ条約**を国内法化したものであり，為替手形を中心に規定する。国内で流通する手形のほとんどは約束手形だが，手形法は約束手形につき，第75条と76条で手形要件（⇨9.3）を規定したうえで，第77条で為替手形に関する規定を準用する（第78条は，為替手形の規定の準用では処理できない事項について規定する）。

為替手形に関する規定を約束手形に準用する際，次のことに気をつける必要がある。①為替手形に関するすべての規定が準用されているわけではない。たとえば，為替手形の振出人の担保責任を定める手形法9条は約束手形に準用されない。②約束手形には引受という制度はないから，引受に関する規定は無視する。たとえば，手形法15条は「裏書人は……引受及び支払を担保す」とあるが，約束手形の場合，これを「裏書人は……支払を担保する」と読み替える。③為替手形と約束手形との法的構造の違いから，準用に際して条文を適宜読み替える必要がある。たとえば，手形法17条の「振出人」は約束手形では裏書人に当たる。

なお，イギリスとアメリカは統一条約に加盟しておらず，世界の手形法は，ジュネーブ統一条約の手形法と，英米法系の手形法の2つに分かれる。

1.3 手形の裏書

1.3.1 裏書の意義

> **［事例 1-3］　手形の裏書**　　［事例 1-1］において，Bは満期（3ヶ月後）に手形金額（100万円）の支払を受ける権利を有するが，Bが今現金を必要としている場合，どうすればよいか。

　受取人は満期に手形の支払を受けることができる（実務上，手形の振出日から満期までの期間を**サイト**という。商取引に基づいて振り出される手形のサイトは2〜3ヶ月が普通である）。しかし，受取人が満期まで待って支払を受けるのであれば，手形を利用する必要はない。

　手形の最大の特徴は，裏書という簡便かつ確実な譲渡方法が認められていることにある（手11条・14条）。譲渡の容易な手形を利用することで，債権者（受取人）は，満期前に手形を譲渡して，直ちに現金を入手することが容易になる。これが手形を利用する最大のメリットであり，手形制度の存在理由である。

　手形の裏書譲渡は，譲受人を手形の支払を受けるべき者として（すなわち，新たな権利者として）指定することによって行う（手1条6号，75条5号）。この記載は，普通，手形の裏面に行われることから「**裏書**」と呼ばれる。裏書によって手形を譲渡する者を**裏書人**といい，裏書によって新たに権利者と指定される者を**被裏書人**という。受取人から裏書を受けた被裏書人は，さらに手形を裏書により譲渡することができる。その後の被裏書人も同様に，手形を裏書によって譲渡することができる。

1.3.2 裏書人の責任＝担保責任（手15条1項・77条1項1号）

　裏書は，手形譲渡の意思表示であり，約束手形の振出や為替手形の引受のような，手形債務を負担する旨の意思表示ではない。しかし手形法は，手形の流通促進のため，裏書人が為替手形の振出人と同じ担保責任を負う

■ 1.3　手形の裏書　　7

ことを規定する（手15条1項・77条1項1号）。すなわち，為替手形の裏書人は手形の引受または支払が拒絶された場合，約束手形の裏書人は手形の支払が拒絶された場合，それぞれ，**自ら手形を支払うべき義務**（遡 求 義務）を負う（手43条1項・77条1項4号）。

1.4 小切手

小切手とは，振出人が支払人である銀行に宛てて，小切手の正当な所持人に対して，その請求の日に小切手に記載された金額（小切手金額）を支払うべきことを委託する証券（**支払委託証券**）である（小1条）。

> [事例1-4]　**小切手の振出**　［事例1-1］において，買主Aは仕入代金を直ちに支払いたいが，現金による支払は避けたいと考えている。Aは，自己が当座預金を有するC銀行を支払人，小切手金額を100万円とする小切手を振り出し，Bに交付する。
> 　C銀行がAの預金から小切手を支払うことで，A・B間の代金債務が決済される。

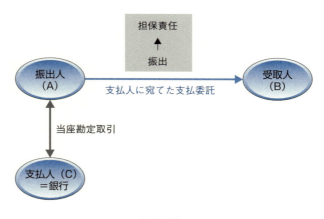

小切手

小切手は支払委託証券である点で為替手形と法的構造を同じくする。小切手の振出人・支払人の責任は為替手形と基本的に同じである（ただし，次述するように，両者の経済的機能の違いから，いくつかの法的な差異が生じる）。

1.5　小切手と手形の違い

手形と小切手では，その経済的機能に違いがある。小切手は支払証券としていわば現金に代わるもの（現金代用物）として利用されるのに対して，手形は主として信用証券として支払を満期まで延期する場合に利用される。この経済的機能の違いから，小切手は手形法とは別の小切手法によって規律される。小切手法には，手形法と同じ内容の規定も多く存在するが，小切手が現金代用物としての機能を充分に発揮するため，支払人は銀行でなければならない（小3条）などの特別な規制が設けられている（⇨第19章）。

小切手も譲渡することができる。手形は満期前の資金化のために裏書譲渡されるが，支払証券である小切手には，このような必要はない。小切手の所持人は，直ちに小切手を取り立てて支払を受けることができる。小切手の譲渡は取立のために行われる。受取人名を記載して振り出された小切手は裏書によって譲渡することができるが（小14条・17条），わが国では，小切手は受取人名を記載しない持参人払式で振り出されることが多い。持参人払式の小切手は，小切手の交付によって譲渡できる。

第2章

手形・小切手の経済的機能と銀行取引

手形・小切手が，現実の経済活動において果たしている機能としては，主に，①支払の手段，②信用の手段，③送金・取立の手段，の3つがある。

小切手は主に支払の手段として利用される。

約束手形は，わが国において，信用の手段として（満期まで支払を猶予するための手段として）広く利用されている。

為替手形は，主として，国際的な送金・貿易代金の取立のために利用される。

手形・小切手の利用は，銀行取引と密接に結びついている。手形・小切手は，銀行と結びつくことで，その経済的機能を十全に発揮する。

2.1 支払の手段——小切手

金銭債務の決済は通貨（現金）で行うのが原則である（民402条）。しかし，日常頻繁に支払を行う必要のある企業にとって，現金による支払は，手間や費用，安全性の面から，望ましい方法ではない。この不都合を回避するため，今日では，銀行預金を通じた決済が広く利用されている。

小切手もその一つであり，あらかじめ支払資金を銀行に預金をしておき，支払を行う必要が生じる度に，その銀行を支払人とする小切手を振り出して，銀行に預金から支払をさせるのである。これにより，債務者は，面倒で危険を伴う支払事務を銀行に任せることができる。もっとも今日，このような銀行預金を通じた決済手段としては，小切手よりも振込が広く利用されている。

10

2.2 信用の手段——約束手形

2.2.1 商業手形と手形割引

(1) 商業手形　わが国の企業間取引の多くは信用売買として行われる（[事例1-1] 参照）。売主は，買主が約束通り代金の支払を行うことを信用して商品の引渡を行う。これにより，買主は弁済期まで支払資金を節約することができ，その間に商品の転売などによって得られた売上金から支払を行うことが可能となる。

　他方，信用を供与した売主は，弁済期まで支払を受けることができない。弁済期前に資金を必要とする売主は，売掛債権を譲渡するか，売掛債権を担保に融資を受けることができる（いずれも民法の債権譲渡の方法による。民466条）。しかし，①継続的に多数発生する売掛債権につき，債権譲渡の対抗要件（民467条）を満たすことは煩雑で費用がかかるうえに，②債権の譲受人は，原則として，譲渡人と債務者間に生じた一切の事由（売買契約の無効・解除，あるいは，相殺など）の対抗を受けるため（民468条），その地位は極めて不安定である。それ故，売掛債権を譲渡（または担保権を設定）して資金化することは必ずしも容易でない。

　この障害を克服するために約束手形が利用される。企業間の信用売買に基づく代金決済のために振り出される手形を，実務上，**商業手形**という。

　手形は，①裏書という簡便・確実な譲渡方法が認められ（⇨第11章），②人的抗弁の切断（手17条）および善意取得（手16条2項）によって手形取得者の保護が図られており（⇨第12章），さらに，③権利行使に際しての立証責任の転換（⇨第4章）や，④権利実現に際しての簡便・迅速な手形訴訟制度（⇨17.5）など，支払の迅速・確実さを確保するための制度的手当がなされており，⑤手形が満期に支払われない場合，裏書人が遡求義務を負うので，譲受人は裏書人から手形の支払を受けることができる（⇨第15章）。加えて，⑥手形交換所による不渡処分（⇨2.4.4）による事実上の支払強制により，手形は，その支払の確実性が担保されている。この結果，手形

を利用することによって，売主は，売掛債権の場合と比べてはるかに容易に，手形を満期前に裏書譲渡して資金化することが可能となる。

（2）　**手形割引**　　今日，売主が手形を満期前に資金化する場合，取引銀行から手形割引を受けるのが通常である。**手形割引**とは，満期前の手形を満期までの利息相当額を割引料として控除した価額で買い取る取引をいう。手形割引は，後述の手形貸付・証書貸付と並んで，銀行の重要な与信業務の一つとなっている。前述した手形の信用取引円滑化機能は，銀行による手形割引によって，その機能を最大限に発揮することになる。

手形割引の法的性質については，手形割引を消費貸借と解する説と売買と解する説との争いがあるが，銀行が行う手形割引については，手形の売買であると解するのが通説である。銀行実務も，手形割引が手形の売買であることを前提に，銀行取引約定書で「**割引手形の買戻し**」を規定している。

なお，かつては，一定の優良手形について，割引銀行が日本銀行からさらに手形割引を受けることができたが（手形の再割引），大企業が手形を利用しなくなり，再割引適格の手形が減少したため，手形の再割引制度は2001年に停止された。

❖ **将来のキャッシュ：現在価値と割引**

手形割引とは，割引銀行が，満期という将来にキャッシュ（現金）を得ることができる権利（手形）を取得するのと引換に，割引依頼人に対して現在のキャッシュを支払う取引である。ところで，将来のキャッシュと現在のキャッシュとは価値が異なる。今100万円あれば，それを投資することで金利を得ることができるからである。したがって，現在のキャッシュに金利を加えた金額が，将来のキャッシュと等しい価値を持つ。逆にいえば，将来のキャッシュ（手形金額）から金利相当分を差し引いた金額が現在のキャッシュ（割引金）と等しい価値を持つ。将来のキャッシュの現在価値を計算することを「**割引**」という。

さらに，将来のキャッシュを得る権利（金銭債権）には**リスク**（不確実性）が伴う。満期に額面通りの支払を受けることができるかは確実でないからである。リスクがある分，将来のキャッシュを得る権利は現在のキャッシュよりも価値が低い。これも割引要因となる。

しかし，金銭債権のリスクは様々な要因によって決まるため，割引によってその現在価値を算出することは必ずしも容易でない。手形法は，権利取得の確実

12　　■ 第2章　手形・小切手の経済的機能と銀行取引

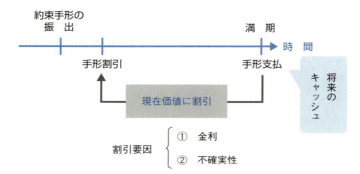

性と，満期支払の確実性を制度的に担保することで，この問題に対処しようとする。手形とは，金銭債権に伴うリスクを減少させることで，金銭債権の流動性（満期前に容易に現金に換えることができること）を高める仕組みなのである。

今日では，個々の債権ではなく，事業活動から生じる多数の金銭債権を全体として，そのリスクを統計学的手法（確率論）によって測定し，現在価値を算出する手法が用いられる。このため，多数の金銭債権を簡便・確実に，しかも低コストで譲渡するための法的方法が必要となり，1998年に「債権譲渡の対抗要件に関する民法の特例等に関する法律」(2004年改正により，「動産及び債権の譲渡の対抗要件に関する民法の特例等に関する法律」) が制定された。また，同じ年，多数の金銭債権に対する持分を小口化して投資家に販売することを可能とするため，「特別目的会社による特定資産の流動化に関する法律」(2000年改正により「資産の流動化に関する法律」) が制定された。

2.2.2　金融の手段としての手形の利用

手形の支払確保制度を基礎に，手形は金融の手段としても広く利用されている。

(1) 手形貸付，商担手貸（商業手形担保貸付）　**手形貸付**とは，銀行などの金融機関が金銭の貸付を行うに際して，借用証書を差し入れさせる代わりに（あるいは借用証書と共に），借主を振出人，貸主（銀行）を受取人とする約束手形を振り出させる場合をいう。手形貸付は金銭消費貸借の一類型であり，この場合，手形は，その支払確保制度（さらには，裏書による資金化の容易さ）を基礎に，貸金の返済を確保することを目的として利用される。

このほか，手形割引に適さない手形（割賦手形のように少額の手形が多数ある場合や，手形の支払期日までの期間が長い場合）について，これらの手形を担保に手形貸付がなされる場合がある。これを**商業手形担保貸付（商担手貸）**という。この場合，貸付金の返済は通常，担保手形の取立金によってなされる。

（2）**融通手形**　**融通手形**とは，金融（資金の融通）を受けることを目的として振り出された手形を総称する実務上の用語であり，商業手形と対比される。

実務上，融通手形と呼ばれるものには様々なものがあるが，典型的には，融通者が被融通者に資金を融通するに際して，金銭を貸し付ける代わりに，融通者を振出人，被融通者を受取人とする約束手形を振り出して，被融通者がその手形（融通手形）を第三者から割引を受けることにより金融の目的を達成するものである。詳しくは，融通手形の抗弁（⇨12.3.4）の項で説明する。

融通手形は，しばしば，資金繰りに窮した企業の最後の資金調達手段として利用されるため，その濫用と危険性が指摘されている。融通手形の支払資金を作るために別の融通手形を利用することが繰り返される結果，手形金額が雪だるま式に増え，被融通者の返済能力をはるかに超えた金額となる。

（3）**金融市場と手形**　手形は，金融機関や機関投資家などが，短期の資金を調達したり，余裕資金を短期で運用したりする市場（**短期金融市場**）においても利用されている。

たとえば，日本銀行の行う金融調節に**手形オペレーション**がある。これは，金融機関が国債などを担保として振り出した手形を日本銀行が買い入れることで金融機関に対して資金を供給し，あるいは逆に，日本銀行が手形を振り出して金融機関に売り出すことで資金を吸収して，通貨量や金利に影響を及ぼし，物価の安定を図ろうとするものである。

信用力のある企業が，無担保で短期資金を調達するために市場において発行する約束手形として**CP**（コマーシャル・ペーパー）がある（金商取引2条1項15号。手形用紙に「CP」の文字が印刷される）。2001年に「短期社債等

の振替に関する法律」(その後,社債や国債,株式も対象にした「社債,株式等の振替に関する法律」に改称)が成立し,CPの発行から支払まで全ての段階をペーパレスで行うことが可能となった。印紙税がかからないこともあり,CPはペーパレスの短期社債(ただし,会社法の社債に関する多くの規定は,その適用が排除される)に取って代わられた。

2.3 送金・取立の手段

2.3.1 送金の手段

手形は,中世において,両替と,現金輸送の不便と危険を避けるための送金の手段として発生したといわれている。今日では,振込や郵便為替などの便利でコストの安い送金手段が発達しており,国内送金に手形や小切手が利用されることはあまりないが,国際的な送金手段としては,今日でも,為替手形や小切手が利用されている。

2.3.2 取立の手段

貿易取引の決済は,債権者がイニシアチブをとる取立の方法で行われる(もっとも,企業活動の国際化に伴う海外現地法人との取引の増加により,今日では送金の方法も多く利用されている)。取立の手段としては為替手形が利用されるが,その際,売買の目的物である運送品の引渡請求権を表章する船荷証券(Bill of Lading : B/L)を担保として付けた為替手形(荷為替手形)が多く利用される。

（1） 荷為替手形　　日本の輸出業者Aがアメリカの輸入業者Bから輸出代金を取り立てる例を考えよう。

［事例2-1］ 荷為替手形を用いた代金取立　　① 日本の輸出業者Aは,運送業者に商品の運送を委託して船荷証券などの船積書類(Document)を受け取る。② Aは,輸入業者Bを支払人とする為替手形を振り出し,これを取引銀行Cに買い取ってもらう。船積書類が担保として買取銀行

■ 2.3 送金・取立の手段　　**15**

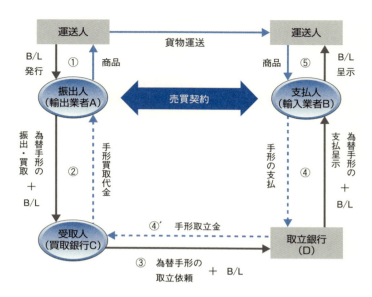

荷為替手形（D/P手形）の仕組み：買取の場合

Cに交付され，C銀行は運送品の上に担保権を取得する。③　C銀行はアメリカのコルレス銀行（C銀行と外国為替取引に関する契約を締結している銀行）Dに為替手形と船積書類を送付して，手形の取立を依頼する。④④' D銀行は手形をBに呈示して支払を請求し，Bは手形の支払と引換にD銀行から船積書類を受け取る。手形取立金は，D銀行・C銀行間の外国為替取引契約に従ってC銀行に支払われる。⑤　Bは，船荷証券を運送業者に呈示して，売買目的物である商品の引渡を受ける。

このように，手形の支払と引換に船積書類が引き渡される場合を D/P 荷為替（Document against Payment）といい，通常，一覧払の為替手形が用いられる。多くはないが，輸出業者Aが輸入業者Bに信用を供与して（シッパーズ・ユーザンス），Bによる為替手形の引受と引換に船積書類が引き渡される場合もある。これを D/A 荷為替（Document against Acceptance）といい，一覧後定期払の為替手形が用いられる。

(2) 信 用 状　　［事例2-1］において，C銀行は，支払人Bの信用

16　■ 第2章　手形・小切手の経済的機能と銀行取引

状態が不明なため，荷為替手形を買取ではなく，取立扱いにする場合もある。取立荷為替の場合，輸出業者Ａは，Ｃ銀行が手形取立金を入手するまで，資金を得ることができない。この輸出業者の不利益を解消するために信用状（Letter of Credit：L/C）が利用される（荷為替信用状）。信用状とは，発行銀行が，輸出業者Ａを受益者として，信用状記載の条件に合致することを条件として為替手形の引受および支払をすることを約束した書面である。詳しくは国際取引法で説明される。

2.4　約束手形・小切手と銀行取引

　小切手の支払人は銀行でなければならない。約束手形については，手形法上，銀行取引と関連して利用すべきことは要求されていないが，わが国における実際の約束手形の利用は，銀行取引と密接な形で結びついている。約束手形は，銀行と結びついてはじめて信用手段としての機能を十全に発揮することができる。以下では，約束手形・小切手がどのように銀行取引と結びついているかを概観する（為替手形と銀行取引については⇨2.3）。

2.4.1　約束手形・小切手の振出

　小切手法3条は，小切手の支払の確実性を担保するため，小切手は振出人が当座預金を有する銀行を支払人として振り出すべきこと，および，振出人と銀行との間で，あらかじめ，当座預金を小切手によって処分できる旨の契約（小切手契約）が締結されていることを要求する（もっとも，この規定に違反して振り出された小切手も私法上は有効である）。実務上は，後述するように，この両者を併せた当座勘定取引契約が締結されている。

　手形の振出については，小切手法3条のような制限はないが，昭和40年に全銀協（全国銀行協会）によって手形用紙の様式と規格が統一されて以後，約束手形の振出は統一手形用紙を用いて行われている。統一手形用紙には，振出人の当座取引銀行が支払担当者として記載されている（手4条：第三者方払文句⇨9.4.2）。統一手形用紙を用いることで，約束手形の振出人は，満期の到来した約束手形の支払を当座預金を通じて行い，面倒な

■ 2.4　約束手形・小切手と銀行取引　**17**

支払事務を支払担当銀行に行わせることができる。しかも，統一手形用紙を用いない手形は，手形交換所を通じて支払呈示することができず，銀行に取立を依頼することも，銀行から手形割引を受けることもできないため，わが国で統一手形用紙を用いない約束手形が流通することはない。統一手形用紙を用いて銀行を支払担当者とする約束手形を振り出すには，小切手の場合と同様に，その銀行との間で当座勘定取引契約を締結しておく必要がある。

当座勘定取引契約については，全銀協により当座勘定規定（ひな型）が定められている。各銀行は，このひな型にのっとって当座勘定規定（定型約款）を定め，顧客との間で当座勘定取引契約を締結する。当座勘定取引契約は，手形・小切手の支払のために当座預金口座を開設することを目的として締結されるものであり，顧客の振り出した手形・小切手の支払を銀行に委託する支払委託契約と，その支払資金を銀行に当座預金として預けておく当座預金契約を主たる内容とする。

当座勘定取引契約を締結すると，当該銀行から統一手形用紙あるいは統一小切手用紙が交付される。この手形用紙・小切手用紙には，当該用紙を交付した銀行の店舗が支払場所・支払人として印刷されている。顧客は，銀行から交付された統一手形用紙・統一小切手用紙を用いて，約束手形あるいは小切手を振り出す（当座勘定規定8条参照）。なお，多数の手形・小切手を迅速に処理するという銀行の事務処理の便宜上，その記載方法につき手形用法・小切手用法が定められている。

2.4.2 約束手形・小切手の譲渡

小切手の所持人は，通常，自己の取引銀行に小切手を入金・取立依頼することによって，小切手の支払を受ける。約束手形の所持人が満期に手形の支払を受ける場合にも，取引銀行に取立依頼するのが通常である。このため，当座勘定規定1条は，当座勘定に受け入れ可能な証券として手形・小切手を例示するとともに，同2条で当座勘定に受け入れた手形・小切手が支払資金となる時期を定め，同5条で受け入れた手形・小切手の支払が拒絶された場合（これを不渡という）の処理につき規定する。

約束手形の所持人は，満期前に取引銀行から手形割引を受けて，手形を資金化することもできる。銀行との間で手形割引あるいは手形貸付などの与信取引を行うためには，銀行との間で銀行取引約定書（定型約款）に従った契約を締結しておく必要がある。

2.4.3　約束手形・小切手の支払＝手形交換

手形・小切手の取立委任を受けた銀行は，手形交換所を通じて手形・小切手を支払呈示し，その取立を行う（手38条2項・小31条。なお小39条3号参照）。

手形交換とは，一定地域内の金融機関（交換所加盟銀行）が相互に取り立てるべき手形・小切手などを手形交換所に持ち寄って相互に呈示・交換し，受取総額と支払総額の差額のみを授受して（交換尻の決済），その取立および支払を一挙にすませる制度である。なお，手形交換所における手形・小切手などの交換・支払手続に関して，各手形交換所によって，手形交換所規則が定められている。

手形交換の主たる目的は，手形・小切手などの取立・支払手続の合理化にある。交換所で交換呈示されたすべての手形・小切手につき，加盟銀行別に支払金額の総額と受取金額の総額を算出し，その差額を交換尻として各銀行が日本銀行に有する当座預金口座を通じて決済する。

2.4.4　手形交換所の取引停止処分

わが国の手形交換所が果たしている重要な機能として，手形・小切手が不渡となった場合に手形交換所が行う取引停止処分（不渡処分）がある。

手形交換所を通じて支払呈示された手形・小切手が支払拒絶された場合，手形・小切手を支払呈示した銀行（持ち出し銀行）および支払呈示を受けた銀行（持ち帰り銀行）から手形交換所に不渡届が提出される。不渡届が提出されると，手形交換所は不渡届のあった約束手形・小切手の振出人を不渡報告に記載して加盟銀行に通知する。

1回目の不渡届が出されてから6ヶ月以内にもう1度不渡届が提出されると，その約束手形・小切手の振出人は取引停止処分（不渡処分）に処せ

られる。これは，手形交換所が加盟銀行に対して，以後2年間，その者との当座勘定取引および貸出取引を行うことを禁止する処分である。取引停止処分は，手形・小切手の不渡を排除し，その支払機能・信用取引の秩序維持を目的とするものであるが，企業にとっては，銀行から融資を受けられなければ，事業を継続することは困難で倒産するほかなく，取引停止処分は死刑宣告に等しい効果を持つ厳しい処分である。

　偽造・変造など，約束手形・小切手の振出人が，正当な事由に基づいて支払を拒絶する場合もある。この場合振出人は支払銀行を通じて不渡異議申立を行うことによって，不渡報告への掲載あるいは不渡処分を回避することができる。

2.4.5　約束手形・小切手の支払＝振出人と支払銀行

　手形交換所を通じて約束手形・小切手の支払呈示を受けた支払銀行は，その手形・小切手を持ち帰り，当座取引先の振り出した約束手形・小切手であることを確認し（この確認は，手形・小切手上に押捺された印影と銀行届出印とを照合して行う），支払委託の撤回の有無および当座預金残高を確認した後，支払を行うことになる（正確には，交換呈示の段階で差額決済が行われているので，支払に応じがたい手形・小切手がある場合には，翌営業日に交換所を通じて不渡処理される）。

　手形・小切手を支払った支払銀行は，当座取引先との間の支払委託契約（当座勘定取引契約）に基づき，支払った金額を当座取引先の当座勘定から引き落とす。支払呈示された手形・小切手の金額が当座預金残高を超える場合（過振り），銀行は支払義務を負わないが（当座勘定規定9条），このような場合に備えて，あらかじめ当座貸越契約が結ばれることがある。これは，当座取引先が振り出した約束手形・小切手を支払うに足る当座預金残高がない場合でも，あらかじめ定められた限度枠（貸越限度枠）の範囲では，手形・小切手の支払を行う（不足資金を立て替える方法で貸付を行う）旨の銀行と当座取引先との間の合意である。

　なお，当座勘定規定第16条は，偽造・変造などされた手形・小切手を支払った銀行の免責を定めるが，これについては14.3.4を参照。

20　■ 第2章　手形・小切手の経済的機能と銀行取引

第3章

有価証券

3.1 有価証券とは何か

手形・小切手は，一定の金額の支払を目的とする有価証券である。この他，現行法上，有価証券とされるものとして，株券（会214条〜），新株予約権証券（会288条〜），社債券（会696条），倉荷証券（商600条〜），船荷証券（商757条〜，国際海上6条〜），抵当証券（抵証14条〜）などがある。

有価証券とは，権利取引の円滑・確実を図るために，権利を証券に結びつけたものである（証券が権利を**表章**するといわれる）。有価証券の定義が学説上争われるが，有価証券法の理解のためには，定義よりも，権利を証券に結びつけることで権利取引の円滑・確実がどのように達成されるかを理解することが重要である。ここでは，有価証券とは，財産的価値ある権利を表章する証券であって，権利の行使および譲渡に証券が必要とされるものをいう，と定義しておく。

❖ **他の法領域での有価証券**

有価証券という用語は多くの法令で用いられているが，その意味は各法令の立法目的によって異なる。たとえば，金融商品取引法2条は，投資者保護を目的とする同法の適用範囲を画するために有価証券を定義するから，株券や債券のような投資の対象とされる有価証券に限定されるが，そのような権利であれば証券が発行されていなくても有価証券として扱う。刑法162条・163条の規定する有価証券は，権利の行使に証券の占有を必要とするものをいうと解されており（最判昭和32・7・25刑集11巻7号2037頁），権利の流通性は考慮されない。なお，プリペイド・カードの偽造等は，有価証券偽造の罪ではなく，支払用カード電磁的記録

21

に関する罪（刑163条の2〜）として処罰される。

❖ **権利の移転と証券**

　有価証券の定義に関して「権利の移転」という語が用いられるが，正確には，意思表示の効果として権利が移転する場合，すなわち権利の譲渡を意味する。相続や合併，弁済者代位（民499条）などでは，その事実に基づいて当然に権利が移転し，証券の交付は必要ではない。

3.1.1　権利と証券の結びつき

　債務者は債権者（または債権者のために弁済を受領する権限を有する者）に対する給付によって免責されるのが原則である。また，債権の譲受人は真実の債権者からのみ債権を取得できるのが原則である。しかし，債権の取引が活発に行われる場合に，この原則を厳格に貫くと，債務者および譲受人は重大な危険に曝されることになる。債務者は誰に給付すべきかを確実に知ることができないし，譲受人は債権を確実に取得できるかどうかわからないからである。権利取引が円滑・確実に行われるためには，債務者および譲受人をこのような不確実性から解放するための仕組みが必要となる。そのため，無形の権利を有形の証券に表章させ，できるだけ証券を基準として権利関係を決定することにしたのが有価証券である。

　有価証券では，権利者としての資格が証券の所持に結びつけられる。具体的には，証券の所持人は権利者と推定される（証券の積極的作用）と同時に，証券を所持しない者は権利を行使できない（証券の消極的作用）という形で権利と証券を結合させたものが有価証券制度である。

　証券の積極的作用によって，①債務者は証券の所持人に給付すれば免責され，②債権者は，自己の権利を証明する必要なく，証券を所持している事実だけで権利を行使できるから，簡便・迅速な権利の実現が確保される。また，③証券の所持人を権利者と信頼して権利を譲り受けた者は善意取得（⇨3.3.2）によって保護され，権利取引の安全が図られる。

　さらに証券の消極的作用によって，④債務者は証券を所持しない者の請求を拒むことができるから，⑤譲受人は，債務者が証券を所持しない者に

22　■ 第3章　有価証券

給付して免責されることを心配する必要がない。つまり，譲受人は，証券を所持してさえいれば，他人のぬけがけ的な権利行使（譲渡人による権利行使，二重譲渡，譲渡人の債権者による差し押え）により権利を失う危険がない（証券の安全的機能）。

　有価証券において権利行使の資格を証券の所持に結びつけるのは，証券の所持人が真実権利者であることが通例であるという事実に支えられている。それ故，有価証券の譲渡につき，証券の所持と権利の帰属とができるだけ一致するような解釈をとるのが望ましい。このことは，有価証券の譲渡には証券の交付が必要であると解することによって確保される。

3.1.2　有価証券の種類（権利者の指定方法による分類）

　（1）　無記名証券　　無記名証券とは，証券に権利者の記載されていない有価証券で，証券の正当な所持人を権利者とする有価証券をいう。持参人払式証券ともいわれる。無記名証券の譲渡は証券の交付によって行い（民520条の20・520条の13），証券の所持人は権利者と推定される（民520条の20・520条の14）。無記名式の小切手がその例である。株式の譲渡は株券の交付により行い（会128条1項），かつ，株券の占有者は権利者と推定されるから（会131条1項），株券は無記名証券である（質入れにつき会146条2項・147条2項）。新株予約権証券（会255条1項・258条2項・267条4項・268条2項）や社債券（会687条・689条1項・692条・693条2項）も，記名式・無記名式を問わず，無記名証券である。ただし，記名式の新株予約権証券や記名式の社債券の譲受人が，会社に対して権利行使するには，新株予約権原簿または社債原簿の名義書換が必要である（会257条2項・688条2項）。

　（2）　指図証券　　指図証券とは，証券に権利者として記載された者またはその者が裏書によって指図する者を権利者とする有価証券である。指図証券の譲渡は，裏書した証券の引渡による（民520条の2）。現行法上，指図証券とされるものには，手形のほか，記名式の小切手（ほとんど利用されない），倉荷証券，船荷証券，抵当証券がある。裏書によって譲渡される指図証券では，裏書の連続した証券の所持人が権利者と推定される（民520条の4・手16条1項）。

■ 3.1　有価証券とは何か　　**23**

（3）　**記名証券**　　**記名証券**とは，証券に権利者として記載された特定の者を権利者とする有価証券である。記名証券の譲渡は民法の債権譲渡の方法による（民520条の19・手11条2項）。現行法上，記名証券には裏書の禁止された指図証券がある（たとえば，指図禁止手形）。記名証券は権利の譲渡を予定していないため，所持人を権利者と推定する証券の積極的作用は認められない（消極的作用は認められる）。

3.1.3　有価証券と区別されるべき証券・証書

（1）　**証拠証券**　　**証拠証券**とは，契約書，借用書，ゴルフクラブの会員権証書などのように，その法律関係について争いが生じたときの証拠資料とする目的で作成される証券・証書である。単なる証拠資料であるから，たとえば，借用書を失っても，貸主は他の方法で自己の権利を証明できれば権利行使できる。有価証券もその表章する権利関係につき証明力があるが，単なる証拠資料ではない。有価証券を所持しない者は，たとえ権利者であっても権利行使できず，そのためには証券の所持に代わる除権決定（⇨3.2.4）を得る必要がある。

（2）　**免責証券**　　**免責証券**とは，同種の契約が大量に締結され権利者の識別が困難である場合に，債務者が証券を所持する者に給付を行えば，たとえその者が無権利者であっても，債務者は免責される効力が認められる証券である。預金証書や携帯品預かり札などがその例である。債務者の免責を目的として作成される免責証券は，権利者にとっては証拠証券としての意味しかない。債務者は必要であれば，証券の所持人に権利者であることの証明を求めることができる。他方，権利者は証券を失っても，他の方法で権利を証明できれば権利行使できる。有価証券も債務者の免責効が認められるが，それに尽きるものではない。無記名証券・指図証券の所持人は権利者と推定され，権利の証明は必要ない。他方，証券を喪失すれば，除権決定を得るのでなければ権利行使できない。

（3）　**紙幣・金券**　　**紙幣**とは日本銀行券のことをいい，無制限の強制通用力を有する（日銀46条・民402条）。**金券**とは，郵便切手・収入印紙などのように，法律によって特定の用途に金銭の代わりに使用される証券をい

う。紙幣および金券は，発行者に対する権利を表章するものではないから，有価証券ではない。紙幣・金権は，法によって証券（紙）それ自体に価値が与えられており，証券を喪失すれば価値も失うことになる。

❖ 金銭の法的性質

　金銭の法的性質は困難な問題である。TがXから盗取した金銭でYに弁済した場合を考えよう。金銭を動産として考えれば，盗品については2年間，善意取得が成立しないから（民193条），Xは所有者としてYに対して盗取された金銭の返還を請求できることになる。しかし，これでは金銭の流通が著しく害される。そこで，金銭については，占有のあるところに所有があると解されている（最判昭和39・1・24判時365号26頁）。すると，金銭の所有権はTに帰属するから，XはTに対して不当利得返還請求することはできても，Yに対して盗取金銭の返還を請求することはできないことになり，Xにとって酷な結果となる（Tが無資力の場合を考えよ）。判例は，Yが悪意・重過失の場合，Yの金銭取得はXに対する関係では法律上の原因を欠き，不当利得となると解する（最判昭和49・9・26民集28巻6号1243頁）ことで，この不都合を回避する。

（4）　プリペイド・カードなど　　乗車券・商品券・プリペイド・カードなども，証券に権利が結合されている以上，有価証券であると解する説がある。商品券やプリペイド・カードには，証券表示金額に応じて物品を購入し，サービスの提供を受ける権利が表章されているという。証券を所持していなければその行使はできず，逆に，証券を所持している事実だけでその行使ができる（権利の証明は必要ない）ことは，有価証券と共通する。他方，証券を喪失した場合に，除権決定を得て権利行使することができない（証券を失えば価値も失う）点では，有価証券よりも金券に類似する。

3.2　権利行使における証券の意義

3.2.1　呈示証券性

　有価証券にあっては，権利者が権利を行使するには証券を呈示（手形法以外では「提示」の語が用いられる）する必要があり，証券を呈示せずに請求しても債務者を遅滞に付する効力は認められない（民520条の9・520条の

18・520条の20，手38条，小28条2項）。これを呈示証券性という。

　権利取引によって権利者が変動する場合，債務者が権利者を確知できることを確保する必要がある。民法の債権譲渡は，債権譲渡の通知・承諾を債務者への対抗要件とすることで（民467条1項）手当てする。これに対して，債務者が証券を発行して，証券の所持人への債務の履行を約束することで，この手当てをするのが有価証券である。この約束は証券を所持しない者には向けられていないので，履行を請求する者は，証券を債務者に呈示して，自分が証券の所持人であることを示す必要がある。これにより債務者は，証券の所持を通じて，誰に弁済すべきかを確知することができる。権利の行使に証券の所持が必要とされるのは，権利者の変動が予定される有価証券の本質的特質なのである（ただし，株券につき⇨3.3.2❖）。

　記名証券の譲渡は民法の債権譲渡の方法によるので，債務者は債権譲渡の通知によって権利者を知ることができる。しかし，記名証券は権利者に迅速・確実な権利実現というメリットを与えるために発行されるのであり，証券の安全的機能（⇨3.1.1）が認められる。そのため，債務者は証券の所持人への債務の履行を約束するのであり，記名証券についても当然に呈示証券性が認められる（手38条1項は指図禁止手形にも適用される）。

3.2.2　受戻証券性

　債務者は，証券と引換でなければ債務を履行する必要がない（商613条，手39条・小34条など）。これを受戻証券性という。

　通常は，証券上に証券と引換に債務を履行する旨が記載されるが，そのような記載がなくても，債務者は履行と引換に証券の返還を請求できる。証券の返還を受けておかないと，その後に証券が譲渡された場合，債務者は二重払を強いられる危険があるからである（手形の場合には，遡求義務を履行した裏書人が再遡求等するためにも手形を受け戻す必要がある⇨第15章）。証券が返還されない限り，債務者は履行してしまう必要はなく，履行の提供をすれば足りる。

3.2.3 （裏書の連続する）証券の所持と権利推定＝形式的資格

無記名証券の所持人，または，裏書の連続する指図証券の所持人は権利者と推定される（民520条の4・520条の14・520条の20，会131条1項，手16条1項，小19条）。これを**形式的資格**という。

権利者は，（裏書の連続する）証券を所持する事実を主張・立証するだけで権利行使することができ，簡便・確実な権利行使が確保される。特に譲受人にとって，自己に至るまでの有効な権利移転の事実を主張・立証する必要がないことは大きい。なお，無記名証券を盗取した者も権利者と推定されるが，債務者は，その者の無権利を立証することで，その請求を拒むことができる。

さらに，証券所持人の権利推定を基礎に債務者の免責が規定される（手40条3項，小35条）。手形・小切手以外の有価証券についても手形法40条3項が類推適用されると解される（民法520条の10は裏書の連続を要件としていない）。これにより，迅速な弁済が確保され，権利取引の円滑・確実が図られる。また，この権利推定を基礎に善意取得が認められ，権利取引の安全が図られる。

証券の積極的作用のない記名証券では，所持人の権利推定およびそれに基づく債務者免責，善意取得は認められないが，通常の債権と同様の債務者免責効は認められる（民478条）。

3.2.4 証券の喪失・滅失と権利行使＝除権決定

証券の所持は権利行使の資格にすぎず，証券の喪失・滅失により，当然に権利を失うわけではない。しかし，証券を所持していなければ権利を行使することはできない。証券が善意取得されると，その反射効として権利を失う危険もある。証券を喪失等した権利者は，証券の所持に代わる**除権決定**（非訟114条〜）を得ることで，証券なしに権利を行使することができる（⇨17.4）。

■ 3.2　権利行使における証券の意義　**27**

3.3 権利譲渡における証券の意義

3.3.1 権利譲渡と証券の交付

有価証券の譲渡には証券の交付が必要である（譲渡の成立要件。民520条の2・520条の13・520条の20，会128条1項）。権利の所属と証券の所持をできるだけ一致させるべきである，との考えに基づく。

記名証券の譲渡は民法の債権譲渡の方法によるが（民520条の19，手11条2項），記名証券も有価証券である以上，その譲渡には証券の交付が必要であると解されている。権利に関して証券が発行されている以上，証券の交付を受けた者だけが権利を取得すべきである，との考えに基づくのであろう。記名証券の譲渡にも証券の交付が必要とされる結果，二重譲渡は起こり得ないから，第三者対抗要件（民467条2項）を具備する必要はないが，債務者に対する対抗要件（民467条1項）は必要である。

❖ 証券の交付と二重譲渡 ══════════════

証券の交付は，①現実の引渡（民182条1項），②簡易の引渡（民182条2項），③指図による占有移転（民184条），④占有改定（民183条）のいずれかによって行うが，証券の交付が占有改定で行われた場合に，権利の二重譲渡（ないしそれと類似の法律問題）が生じないといえるかは疑問があるように思われる。

3.3.2 善意取得

（裏書の連続する）証券の所持による形式的資格を前提に，**善意取得**が認められる（民520条の5・520条の15・520条の20，手16条2項，小21条，会131条2項・258条2項・同条4項・689条2項）。すなわち，（裏書の連続する）証券を所持して権利者と推定される者から証券を譲り受けた者は，たとえ譲渡人が無権利者であっても権利を取得できる。これにより権利取引の安全が確保される。

証券の積極的作用がなく，民法の債権譲渡の効力をもってのみ譲渡することができる記名証券には，善意取得は生じない。

❖ 株券と有価証券法理

2004年の商法改正までは，株式会社には株券の発行が義務づけられた（旧商226条1項）。しかし，権利行使の面では株主名簿の記載が基準とされたから，権利行使に際して株券を呈示する必要はなかった。株券は，株式を譲渡する際（旧商205条1項）および株式の取得者が株主名簿の名義書換をする際に必要であったにすぎない。わが国の株式会社の大半を占める中小規模の閉鎖的会社では，株式の譲渡は希で，株券を発行する必要性は乏しかった。他方，株式取引の円滑化が最も強く要求される上場会社や店頭登録会社では，株券を現実に授受することの手間を省き危険を避けるため，保管振替制度が採用されていた。権利を証券に表章することによって権利取引の円滑を図るという有価証券法理は，多数の権利者が集団的に権利行使する株式にはうまく機能しなかったのである。

会社法は，株券を発行しないことを原則とし，株券を発行する旨を定款で定めた場合に限って株券を発行できることとした（会214条）。

①上場株式については，株券の引渡にかかる決済コストと決済リスクを削減するため，振替決済が強制されて株券の発行が禁止される。振替決済の法律関係を規制するため，「社債等の振替に関する法律」が改正されて「社債，株式等の振替に関する法律」となった。振替決済では，株式の譲渡・質入は振替口座簿への記載が効力要件とされる（同法140条・141条）。振替口座簿の記載に権利推定が認められ（同法143条），善意取得が認められる（同法144条）。振替決済の対象となる株式では，株主名簿の名義書換は，振替機関から会社に振替口座簿の記載内容を通知することによって行うため（同法151条・152条），株主が代表訴訟などの個別的な権利行使を行うために株主名簿の名義書換を受けることができない。そこで，少数株主権等の行使については会社法130条1項は適用されず，株主の請求に基づく振替機関から会社への通知によって行うこととされる（同法154条）。

②これ以外の株式会社では，株券を発行しないのが原則である。株券を発行しない会社の株式の譲渡・質入は意思表示だけで行うが，株主名簿の名義書換が会社その他の第三者に対する対抗要件とされる（会130条1項）。株主名簿の名義書換は，原則として，譲渡人である名義株主と共同して行う（会133条）。株式取引の円滑のため，株主に株券の所持に代わる株主名簿の記載事項証明書の交付請求権が認められる（会122条・149条）。

③非上場会社は，定款で定めれば，株券を発行することができる（会214条。株券発行会社）。株券が発行される場合の法律関係は，以下のとおりである。なお，定款で株式の譲渡制限を定めた株券発行会社は，株主から請求がない限り株券の発行を要しない（会215条4項）。

権利行使と株主名簿　株式を譲り受けた者が会社に対して権利行使するには株主名簿の名義書換をする必要がある（会130条2項）。これは，権利行使が集団

■ 3.3　権利譲渡における証券の意義　**29**

的・反復的に行われる株主・会社間の法律関係を，権利行使の度に株券を呈示することなく，合理的に処理する必要性に基づく。

株券の喪失と株券喪失登録制度　　株券を喪失した場合，除権決定制度は適用されず（会233条），株券喪失登録制度による。株券を喪失した株主は，株券発行会社に対し株券喪失登録を請求する（会223条）。会社はこれを株券喪失登録簿に記載するが，請求者が当該株式の名義人でない場合，会社は当該名義人に対して喪失登録をした旨を通知しなければならない（会224条）。1年内に株券喪失登録の抹消の申請（会225条）がなければ株券は無効となり，喪失登録を受けた者に対し株券が再発行される（会228条）。

これとは別に，株式の併合，取得条項付株式の取得，株式交換などでは，株券を喪失して提出することができない株主のために，会社が公告を行った後に新株券を交付することができる簡易な手続が認められている（会220条）。

3.4　権利の存在および内容に関する証券の意義

3.4.1　有因証券と無因証券

有価証券は，その表章する権利が証券を発行する原因となった法律関係（原因関係）の存否や有効無効によって直接影響を受けるか否かによって，有因証券と無因証券とに区別される。

（1）**有因証券**　　株券，運送証券，倉荷証券などの有価証券は，原因関係に基づいて発生する権利（株式，運送品や寄託物の引渡請求権）を表章する証券であり，非設権証券と呼ばれる。非設権証券では，たとえ証券が発行されても，その表章する原因関係上の権利が存在しなければ，証券は何らの権利も表章せず，当然に無効となる。このような証券を有因証券という。

たとえば，有効な株式の裏付けなく発行された株券は無効であり，同一の株式につき複数の株券が発行された場合には，最初の株券以外の株券は無効である。運送品や寄託物が不可抗力によって滅失すれば，運送証券や倉荷証券も無効となる。たとえ善意の第三者が無効な証券を取得しても，

30　■　第3章　有価証券

この者が権利を取得することはない。

（2）無因証券　これに対し，手形・小切手の表章する権利は原因関係上の権利（たとえば，代金債権，貸金返還請求権）ではない。手形・小切手を振り出すことによって原因関係上の権利とは別個の新たな権利が発生し，それが手形・小切手に表章される（設権証券）。さらに，手形・小切手は無因証券であり，その表章する権利は，原因関係の存否や有効・無効によって直接影響を受けない（⇨4.2.2）。

たとえば，AがBに対して負う代金債務の支払のために約束手形を振り出した場合，手形に表章されるのは，代金債権ではなく，Aが手形に記載した支払約束に基づいて発生する権利である。この手形上の権利は，原因関係である売買契約の無効・取消・解除，あるいは，相殺による代金債権の消滅などによって影響を受けない。もちろん，直接の相手方であるBが手形上の権利を行使してきた場合，Aは売買契約の解除などBとの間に生じたあらゆる事由を抗弁として主張し，手形の支払を拒むことができる。しかし，これは手形上の権利に影響を及ぼさない手形外の事情である。手形がCに裏書譲渡されれば，AはBとの間の人的関係に基づく抗弁（人的抗弁）を主張して，Cの手形金請求を拒むことはできない（手17条。これを人的抗弁の切断という⇨12.3）。これにより，手形の取得者は，自己の関与しない原因関係の存否やその有効・無効を気にかける必要がなくなり，手形の流通性が促進される。

3.4.2　文言証券

（1）無因証券と文言証券性　証券の表章する権利の内容が証券に記載された文言によって決まる証券のことを文言証券という。無因証券である手形・小切手は当然に文言証券である。手形上の権利は，約束手形の振出・為替手形の引受という手形行為（⇨第4章）によって発生するところ，手形行為は手形に記載されたところを意思表示の内容とする法律行為であるから，その権利の内容が手形の記載によって決まることは当然である。文言証券にあっては，証券の表章する権利の内容は証券の記載によって決まり，証券外の事情による影響を受けないから，証券の記載を信頼して証

■ 3.4　権利の存在および内容に関する証券の意義　**31**

券を取得することが可能となり，証券の流通性が高められる（詳しくは⇨4.2.3）。

(2) 有因証券と文言証券性　　有因証券である株券は文言証券ではない。有因証券の表章する権利は原因関係上の権利であり，その権利内容は原因関係によって決まるからである。しかし，有因証券であっても，倉荷証券（商604条）や船荷証券（商760条。国際海運9条）は，証券の記載が事実と異なることをもって善意の所持人に対抗することができないとされており，一定の範囲で文言証券性が認められている。運送証券や倉荷証券は，運送中あるいは寄託中の商品について売買や担保などの取引を円滑に行うために発行されるものであり，証券の取得者が証券に記載のない事情（たとえば証券外の特約）について調査することなく取引することを可能とする必要があるからである。もっとも，これらの有因証券にどの範囲で文言性が認められるかは争いがある。

　判例は，①運送人が運送品を受け取ることなく運送証券を発行した場合（空券），有因証券性を理由に，証券は無効であると解し（大判昭和13・12・27民集17巻2848頁：総則・商行為百選91事件），証券所持人の保護は運送人に対する不法行為責任によるとする（大判昭和3・7・16新聞2891号15頁）。他方，②証券に記載された物品と実際に受け取った物品とが異なる場合（品違い），文言証券性を重視して，証券発行者は証券記載どおりの物品の引渡義務を負い，その引渡ができないときは債務不履行責任を負うと解する（大判昭和11・2・12民集15巻357頁，最判昭和44・4・15民集23巻4号755頁：総則・商行為百選106事件）。

(3) 不知約款の効力　　運送証券・倉荷証券では，証券発行者が，このような文言証券性に基づく責任を免れるため，証券に不知文言（運送品の記載は荷送人の通告に基づくものであり，その記載につき責任に任じない旨の記載）を記載することがある。外航船の船荷証券については，荷送人の書面による通告が正確でないと信ずべき正当な理由がある場合，および通告が正確であることを確認する適当な方法がない場合，不知文言を記載して不実記載に基づく責任を免れることができる（国際海運8条1項・2項）。倉荷証券に関して，判例は，受寄物の内容を検査することが容易でなく，ま

たは荷造りを解いて内容を検査することによりその品質または価格に影響を及ぼすことが，一般取引の通念に照らして明らかな場合に限り，不知文言を援用して文言上の責任を免れることができると解する（前掲最判昭和44・4・15）。他の運送証券についても，これと同様に解されている。

第2編

手形行為

第4章

手形行為の意義と特性

　手形上になされる法律行為を手形行為という。手形行為は法律行為の一種だが，権利取引の円滑・確実を図るため，一般の法律行為とは異なった特性が認められる。手形行為は要式の書面行為であり，無因性と文言性が認められ，その解釈に際しては手形客観解釈の原則が妥当する。1通の手形上に複数の手形行為が行われた場合，各手形行為の効力はそれぞれ独立しており，他の手形行為の無効により影響を受けないという手形行為独立の原則が認められる。

4.1　手形行為の意義

　手形という有価証券上になされる法律行為を手形行為という。約束手形には，振出・裏書・保証の手形行為があり，為替手形には，振出・裏書・保証に加えて引受と参加引受の計5種類の手形行為がある。小切手には，振出・裏書・保証および支払保証の4種類があり，小切手行為と呼ばれる（以下では，小切手行為を含めて手形行為という）。

　約束手形の振出や為替手形の引受，手形・小切手の保証は，手形債務の負担を目的とする行為であるが，裏書は手形の譲渡を，為替手形・小切手の振出は支払人に対する支払委託を，それぞれ意思表示の内容とする。裏書人や為替手形・小切手の振出人もそれぞれ担保責任を負うが，これは法の規定に基づくもので，意思表示の効果ではないから（⇨11.2.2），手形行為を，債務負担を目的とする法律行為として統一的に把握することはできない。多数説は，「手形行為とは，手形上の法律関係の発生・変動を目

的として手形という書面上になされる法律行為で，署名を要件とするものをいう」と解する。

手形行為のうち，振出は手形を作成する行為であり，他の手形行為の基礎となるものであるから，**基本手形行為**という。

4.2　手形行為の特性

手形行為は法律行為の一種である。しかし，手形は有価証券であり，権利取引の円滑・確実を図るため（⇨3.1.1），手形行為には一般の法律行為とは異なった特性が認められる。

4.2.1　手形行為の要式性・書面性

手形行為は**要式の書面行為**である。流通を使命とする手形にあっては，一見して手形であるか否か，どのような内容の権利が表章されているかを明らかにする必要があるため，手形行為は要式の書面行為とされる。

手形行為は**書面行為**であり，その意思表示はすべて手形という書面上になされなければならない。

また，手形行為は**要式行為**であり，法律の定める方式に従って行わなければならず，**方式を欠くときは手形行為として成立しない**。特に，基本手形行為である振出については，手形に記載すべき事項が厳格に法定されている。具体的には，①手形としての効力が認められるための最小限の記載事項が手形要件として法定され（手1条・2条1項・75条・76条1項，小1条・2条1項），かつ，②手形に記載することができる最大限の記載事項（有益的記載事項⇨第7章）も法定される。

手形にあっては記載すべき最小限と記載できる最大限が法定されていることから，手形は**厳格な要式証券**であるといわれる。

> ❖ その他の有価証券の要式性 ══════════════════════════
>
> 　有価証券の記載事項は法定されるが（株券につき会216条，新株予約権証券につき会289条，社債券につき会292条・697条，担信26条，倉荷証券につき商601条，船荷証券につき商758条・国際海運7条1項，抵当証券につき抵当12条1項など），手形・小切手のよう

38　■ 第4章　手形行為の意義と特性

な厳格な要式性が要求されるわけではない。権利内容の確定にとって重要でない事項の記載を欠いても，証券は無効とならない。船荷証券などでは，裏面に運送人の免責条項や仲裁条項などを記載した運送約款が印刷されている。

4.2.2 手形行為の無因性

　手形行為は，金銭債務の弁済のため，あるいは資金融通のためなど，何らかの原因に基づいて行われる。しかし，手形行為は，それを行う原因となった法律関係（原因関係）から切り離され，原因関係の存否および有効・無効により影響を受けない無因行為であると解される。同じことを，手形証券に着目して，手形は無因証券であるともいわれる（⇨3.4.1(2)）。

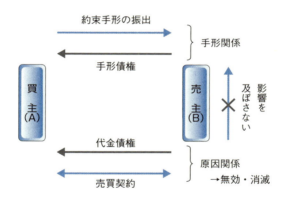

❖ **無因性の根拠**

　手形行為の無因性の根拠は，手形行為が単純でなければならないことに求められる（為替手形の振出［手1条2号］，引受［手26条1項］，約束手形の振出［手75条2号］，手形の裏書［手12条1項・77条1項1号］，小切手の振出［小1条2号］および裏書［小15条1項］，支払保証［小54条1項］）。たとえば，約束手形の振出人は，手形に支払約束の意思表示を行ったこと（つまり，約束手形を振り出したこと）に基づき，原因関係上の債務とは別個の手形債務を負担する。この支払約束は単純でなければならないので（手75条2号），支払約束の効力を原因関係など手形外の事情にかからしめることはできない。それ故，このような支払約束に基づいて発生する手形債務もまた，原因関係の存否やその有効・無効の影響を受けない。

（1）　**原因関係の立証不要**　　手形行為の無因性により，手形権利の行使に際して，その原因関係を主張・立証する必要がなくなる。

たとえば，AがBに対して売買代金を支払うため約束手形を振り出した場合には，Bは，Aが約束手形を振り出した事実を主張・立証して手形の支払請求をすることができ，その原因関係（売買契約の成立）について主張・立証する必要はない。手形上の権利は，原因関係とは別個の，約束手形の振出という手形行為によって発生するため，原告（手形所持人）が手形の支払請求をするには被告による手形振出の事実を主張・立証すれば足りるのである。これにより，手形所持人の簡便・迅速な権利実現が確保される。

（2）　**人的抗弁の切断**　　さらに，**人的抗弁の切断**が手形の無因性によって説明される。先の例で，手形振出の原因関係であるA・B間の売買契約が無効であっても，手形行為の無因性により，Aの手形振出は有効で手形権利は発生し，Bは手形権利者である。したがって，Bから手形の裏書譲渡を受けたCは手形権利を有効に取得し，Aに対し手形の支払を請求することができる。Aは，Bに対して原因関係の無効を抗弁として主張して支払を拒むことができるが，これは手形権利に影響を及ぼさないBとの人的関係に基づく抗弁にすぎず，手形法17条により，善意のCに対抗することはできない（⇨3.4.1（2））。

手形の裏書も同様に無因行為である。たとえば，BがA振出の約束手形をCに裏書譲渡したが，その原因関係（たとえば手形割引契約）が無効・消滅した場合でも，Bの裏書は有効である。Cは手形権利者として満期に手形の支払を請求でき（ただし，Cの請求が権利濫用として許されない場合がありうる⇨12.3.5），Aは権利者Cに支払って当然に免責される（手形法40条3項により免責されるのではない）。また，Cから手形の裏書譲渡を受けたDは手形権利を取得することができ（善意取得により保護されるのではない），手形が不渡になれば，裏書人Bに対して遡求することもできる（Bは，Cに対する抗弁をもって善意のDに対抗できない。手17条）。

以上のように，手形行為の無因性により，手形権利の発生およびその移転は原因関係の存否や有効・無効によって影響を受けないから，手形の取

得者や手形債務者は，自己の関与しない原因関係の影響を受けることなく，有効に手形権利を取得できる，あるいは手形を支払って免責されることとなり，手形取引の安全と迅速な支払が確保されることになる。

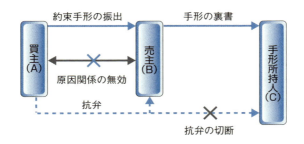

❖ 無因性と不当利得

　手形行為の効力は原因関係による影響を受けない。しかし，原因関係の無効・消滅により，手形行為に基づく債務負担や権利移転は法律上の原因を欠くことになるから，当事者間に不当利得の関係が生じる（民703条）。

　たとえば，Bが手形割引を原因関係としてCに手形を裏書譲渡した場合，手形の裏書譲渡は手形割引契約に基づく義務（売買契約上の財産権移転義務）の履行として行われるから，割引契約の無効・消滅によって，裏書による手形権利の移転は法律上の原因を欠くことになり，BはCに対して不当利得を理由に手形の返還を請求することができる。AがBに対して負う債務の支払のために約束手形を振り出したが，右債務が不存在ないし消滅した場合も同様に（法律構成は若干複雑になるが），AはBに対して不当利得を理由に手形債務免除の請求権および手形の返還請求権を有することになる。

　不当利得は瑕疵ある原因関係の当事者間にのみ認められ，その後の手形取得者に対して不当利得に基づき手形の返還を請求することはできないのが原則である。ただし，原因関係の無効・消滅につき悪意で，抗弁の対抗を受ける手形取得者に対しては（手17条但書），手形の返還を請求できると解すべきであろう。返還請求を認めないと，手形がさらに善意の第三者に譲渡された場合，抗弁を対抗できなくなり，手形の支払を強制されることになるからである。

4.2.3　手形行為の文言性

手形行為は手形に記載されたところを意思表示の内容とする法律行為で

あり，手形行為により生じる権利の内容はもっぱら手形上の記載によって決定される。これを**手形行為の文言性**という。手形証券に着目して，手形は文言証券であるともいう。

（1）**文言性の多義性**　文言性ということばの意味内容は，その使われる場面によって多少異なることに注意が必要である。

まず，(ア)手形の振出日・振出地の記載が真実と合致しなくても手形の振出は有効であり，振出人は手形の記載に従って責任を負うこと，あるいは，(イ)手形の変造の場合，変造後の署名者は変造後の文言に従って責任を負い，変造前の署名者は原文言に従って責任を負うこと（手69条），が文言性によって説明される。

これらの場合，手形行為者が手形に記載された通りの責任を負うことは，意思表示に基づく当然の責任であるとされ，手形取得者の善意・悪意と関係なく，手形行為者は記載どおりの責任を負う。

これと異なり，(ウ)文言性が人的抗弁の切断と同じ意味で使われる場合もある。手形に記載のない事項（手形外の特約など）や手形の記載から明らかでない事項は，手形債務の内容に影響を及ぼさず，手形外の事情として人的抗弁（手17条）となるにすぎないことが文言性によって説明される。

この場合，手形債務者は，手形に記載されたとおりの権利が存在すると信頼して手形を取得した者を保護するために，記載に従った責任を負うのであり，手形の記載により外観を作出したことを帰責原因とする一種の権利外観責任（⇨5.2(2)）である。この意味での文言性は，善意の手形取得者との関係でのみ問題となる。

（2）**手形客観解釈の原則**　手形行為は手形の記載を意思表示の内容とする法律行為であるから，手形行為の解釈はもっぱら手形に記載された文言に基づいてなされるべきであって，手形に記載されていない事情（手形外の事情）に基づいて，行為者の意思を推測して，手形の記載を変更したり補充したりすることは許されない。これを**手形客観解釈の原則**という（手形外観解釈の原則と呼ぶ説もある）。

もっとも，手形に記載された文言自体の解釈にあたっては，必ずしも文字に拘泥すべきではなく，一般の社会通念に従って記載の意味内容を合理

42　■　第4章　手形行為の意義と特性

的に解釈しなければならない。たとえば，平年の「2月29日」を満期とする記載は2月末日を満期として記載したものと解される（最判昭和44・3・4民集23巻3号586頁）。ただし，広く一般に流通する手形の性質上，特定の社会・地域にのみ妥当する慣習や見解によって解釈することは，当然許されない。

　手形客観解釈の原則は，手形に記載された文言の解釈に際して手形外の事情を考慮することを禁じる。これによって，手形権利の内容が手形外の事情によって影響を受けることはなくなり，手形に記載されたところを信頼して手形を取得することが可能となり，手形取引の円滑と確実とが確保される。

❖ **厳格な要式証券性・無因性・文言性・手形客観解釈の原則** ══════════
　手形は信用証券であり，信用を供与した債権者が金銭債権を弁済期前に譲渡して資金化することを容易にするために利用される（⇨2.2.1および2.4.2）。手形がこの経済的機能を発揮するためには，手形を譲り受けようとする者が，原因関係などの手形外の事情を調査することなく，手形だけに依拠して手形を取得できることを確保する必要がある。

　そのため，手形は設権証券として，手形の振出によって原因債務とは別個の手形権利が発生するものとされ，手形行為の無因性により，手形権利の発生およびその譲渡が原因関係の影響を受けないものとされる。さらに，手形の厳格な要式証券により，手形権利の内容が手形に記載され，定型化・単純化されるとともに，文言性と手形客観解釈の原則により，権利の内容が手形外の事情によって影響を受けないことが確保されるのである。

設権証券	手形行為（振出）により手形権利が発生		
文 言 性	手形行為は手形の記載を内容とする意思表示	権利内容は手形の記載によって決定される	手形外の事情は手形権利に影響を与えず，人的抗弁となるにすぎない（手17条）
無 因 性	手形行為は単純な支払約束・裏書	権利の発生・譲渡は原因関係の影響を受けない	

4.2.4　手形行為独立の原則

　一通の手形上に複数の手形行為がなされることが多い。手形行為のうち

振出は手形を作成するものであり，他の手形行為を前提としない。これに対して，為替手形の引受，手形の裏書・保証などは振出その他の手形行為を前提としている。しかし，同一手形上になされる各個の手形行為は，それぞれ独立してその効力を生じ，前提となる他の手形行為の実質的無効によって影響を受けない。これを手形行為独立の原則といい，手形法7条が規定する（手形保証の独立性は手形法32条2項が規定する）。

　たとえば，振出が行為能力の制限によって取り消された場合でも，その手形上になされた引受や裏書等は有効で，引受人・裏書人等は手形の文言に従って手形債務を負う。また，第一裏書が偽造により無効の場合でも，その後に裏書した者は裏書人としての義務を負う。

　手形法7条が「他の署名者の債務は……その効力を妨げられることなし」と規定していることからも明らかなように，この原則は手形債務の負担に関してのみ働く。裏書にも手形行為独立の原則が適用されるが，それは担保的効力（債務負担）に限られ，権利移転的効力には独立の原則は働かない。

　手形行為独立の原則が認められるためには，前提となる手形行為（振出）が法定の方式を具備していることが必要である。手形要件を欠くために手形が無効であれば（手2条1項・76条1項），その証券に署名しても手形行為として成立せず，手形行為独立の原則を適用する余地がないからである。

（1）**手形行為独立の原則の機能**　　手形行為独立の原則が認められる結果，手形取得者は手形署名のすべてについて有効性を調査しなくても，自己の相手方の手形行為が有効であることを確認すれば，少なくともその者に対する権利を確保できることとなり，手形取引の安全に資する。

　手形行為独立の原則の理論的説明については，①手形行為独立の原則は，手形の流通性を確保するために政策的に認められた特則であると解する説と，②この原則は，手形行為の文言性に基づく当然の結果である（各手形行為は，それぞれ手形上の記載をもって自己の意思表示の内容とする法律行為であり，行為者は手形の文言に従って責任を負うのだから，各手形行為が他人の行為の有効無効によって影響を受けないのは当然のことである）と解する説とが対立している。

44 ■ 第4章　手形行為の意義と特性

（2） **手形行為独立の原則と悪意の取得者**　　手形行為独立の原則が，前提行為の無効につき悪意である手形取得者にも適用されるかどうかが，学説において争われている。手形行為独立の原則を手形行為の文言性に基づく当然の原則であると解する説は，手形行為独立の原則が手形取得者の善意・悪意を問わず適用されるのは当然の事理であると解する。

　これに対して，手形行為独立の原則を手形の流通性を確保するために政策的に認められた特則であると解する説によれば，悪意の取得者をこの原則によって保護する必要はないことになろう。

　最判昭和33・3・20（民集12巻4号583頁：百選46事件）は，手形所持人が「振出人の代表者名義が真実に反することを知っていたとしても，Ｙの裏書人としての手形上の責任は何ら消長を来さないものというべきである」と判示して，悪意の手形取得者にも手形行為独立の原則が適用されると解する。

❖ **最判昭和33・3・20への疑問**
　一般に本文で述べたように解されているが，事案の特殊性を考慮すべきである。本判決は，Ａ会社の経理担当者Ｂが「Ａ株式会社取締役社長Ｂ」名義で手形を振り出した点をとらえて「振出人の代表者名義が真実に反する」と述べる。もし，ＢがＡ会社のために手形を振り出す権限を有していなければ，偽造として手形行為独立の原則が問題となる。

　しかし，本件では，ＢがＡ会社の代表取締役Ｃと相談のうえ，手形を振り出したことが事実認定されており，ＢはＡ会社の代表者ＣからＡ会社のために手形を振り出す権限が与えられていたと解することも可能であった。このように解すれば，本件手形の振出は，Ａ会社のために手形を振り出す権限を有するＢによるものとして有効であり，その効果は当然にＡ会社に帰属する。振出が有効である以上，その手形に裏書したＹが裏書人として責任を負うことは当然であって，手形行為独立の原則を持ち出すまでもない。本判決は，実質的に振出権限を有する者による手形の振出が，「代表者名義が真実に反する」からといって無効になるものではなく，したがってこの点についての手形所持人の善意・悪意は問題とならず，Ｙは裏書人として責任を負わなければならないことを判示したもの（手形行為独立の原則について判示したものではない）と解することも可能である。

■ 4.2　手形行為の特性　　**45**

第5章

手形行為の成立要件

　手形行為は要式の書面行為であり，手形行為ごとに固有の方式が法定されているが，すべての手形行為に共通して要件とされているものは**署名**である。署名がなければ，手形行為は成立せず，手形行為に基づく責任も生じない（**署名なければ責任なし**）。本章では，手形行為の成立要件である署名の方式について説明する。

　手形行為は，行為者が手形に署名した後，これを相手方に交付することによって行われるが，手形の交付は手形行為の成立にとって，どのような意味を有するだろうか。たとえば，署名後に手形が盗取された場合，署名者の手形行為は成立し，署名者は手形行為に基づく責任を負うのだろうか。

5.1　署　名

5.1.1　署名の必要性

　署名がすべての手形行為に要件とされているのは，署名が手形取得者に手形行為者が何人であるかを確知させるのに役立つからであると説明される。

　民事訴訟法上，本人または代理人の署名のある私文書は真正に成立したものと推定される（民訴228条4項。なお，電子署名3条参照）。つまり，名義人が文書に署名した事実が証明されれば，その文書全体が名義人の意思に基づいて作成されたことが推定される。法が署名にこのような効果を結びつけたのは，署名が名義人の意思に基づいて文書が作成されたことを明ら

かにするために行われることを考慮したからであろう。

　手形行為の署名もこれと異ならない。手形行為者は，その意思に基づいて手形に記載された内容の手形行為を行ったことを手形面上に明らかにするために署名を行うのであり，この署名の機能に着目して，手形法は署名を手形行為の要件としたのである。これにより，手形取得者は，名義人の真正な署名があれば，手形行為が真正に成立したことを推認することが可能となり，さらにはその有力な証拠を入手できるから，手形取引の迅速が図られることにもなる。

5.1.2　署名の方式

　手形法・小切手法において署名とは，狭義の署名，すなわち自署のほか，記名捺印を含む（手82条，小67条）。

　署名に用いるべき名称は，手形行為者を識別できる名称であれば，戸籍上の氏名や登記された商号に限らず，通称や芸名などであってもよい。商号の変更登記が未了の新商号を用いて行われた署名も有効だし（最判昭和35・4・14民集14巻5号833頁：総則・商行為百選5事件），会社の署名が登記商号とは異なる名称を用いて行われた場合でも，それが取引上自己をあらわすために通常使用されている名称であれば，会社の手形行為として成立する（最判昭和44・1・30判時548号96頁）。

（1）　他人の名称による署名

> ［事例5-1］　　Yは，自らが代表取締役を務める甲会社が取引停止処分を受けたために，実兄A名義の当座預金口座を開設して，多数回にわたりA名義で手形を振り出した。この手形の所持人Xは，Yに対して手形の支払を請求することができるか。

　Yが他人Aの名義で手形に署名した場合（YがAの署名を代行する場合は別である。⇨5.1.2(4)），Yが自己を表示するためにA名義を使用したと認めることができるときは，Yは手形行為者として責任を負う。たとえば，夫が妻の名義を用いて営業を行っており，妻の名前が夫を表示するものと一般に認められている場合には，夫は自己を表示するために妻の名義を用

■5.1　署　名　　47

いて手形に署名したとして，夫の手形行為に基づく責任が認められる（大判大正10・7・13民録27輯1318頁）。

さらに，A名義がYを表示することの周知性を欠く**［事例5-1］**の事案において，最判昭和43・12・12（民集22巻13号2963頁：百選1事件）は，「Yは，自己を表示する名称としてA名義を使用したものと認めることができるから，A名義の手形署名はY自身の署名とみるべきであ［る］」と判示して，Yの振出人としての責任を認めた。この判決では，取引停止処分により甲会社名義で手形を振り出すことができなくなったYが，多数回にわたりA名義で手形を振り出して自ら決済していたことから，自己を表示する名称としてA名義を使用したことが認められた。

❖ **慣用の事実と立証**

学説では，YがA名義を当該手形行為に1回限りで使った場合でも，自己を表示するためにAの名義を用いた以上，Yは手形行為者として当然に手形上の責任を負うと解する説が有力である。この説は，慣用の事実は，自己を表示するために用いたことの立証の問題に過ぎないと解する。理論的にはその通りだが，立証の問題を無視することはできない。この説によっても，Yが，Aが手形行為を行ったかのように装うためにAの名義を冒用した場合には，Yは偽造者として責任を負うことになろう（偽造者の責任につき⇨8.2.2）。すると，Yが自己を表示するためにA名義を用いた場合（Yは手形行為者として責任を負う）と，YがA名義を冒用した場合（Yは偽造者として責任を負う）とを，どのようにして区別するのかが問題となる。この説は，そのいずれであるかが，Yの主観的な意図によって決まると解するようであるが，手形所持人はどのようにしてこの点の立証を行い，裁判所はどのようにしてこれを認定するのであろうか。結局，YがA名義を慣用していたなどの事実を証明できなければ，Yの偽造者としての責任を追及することになろう。

（2）**捺印について**　　わが国では，一般に，自署ではなく**記名捺印**が用いられる。捺印に用いる印鑑は，実印である必要はないのみならず，日常使っている印鑑である必要もなく，三文判でも構わない。さらに記名と印影の関連性も必要でなく，雅号あるいは古来の成句を彫ったものでも構わないし，他人の印鑑でもよい（大判昭和8・9・15民集12巻2168頁）。要するに，行為者が自己の記名捺印とする意図で用いたものであれば，どのよ

48　■　第5章　手形行為の成立要件

うな印鑑でも差し支えない。なお，記名拇印は手形の署名として認められない（大判昭和 7・11・19民集11巻20号2120頁）。「拇印は，特別の技能を有する者でなければ手形行為者の同一性を識別できず，その手続も簡易ではない」から，流通証券である手形の署名としては適切でないことを理由とする。

❖ 捺　印

立証の問題を考えると，どのような印鑑でもよいことにはならない。手形所持人（原告）は，被告の手形上の責任を追及するために，被告が手形行為を行った事実を主張・立証しなければならない。被告が手形に署名した事実を立証すれば，これが推定される（民訴228条 4 項）。その際，被告が日常，取引に用いている印鑑を用いて捺印されている場合には，その立証は容易であるし，実印や銀行届印を用いてなされている場合には（これらの印鑑は厳重に保管され，他人が勝手に使うことは困難である），記名捺印が被告によって行われたことの事実上の推定が働く。

これに対して，捺印が三文判あるいは記名と異なる印影の印鑑を用いてなされた場合には，このような事実上の推定は働かず，手形所持人（原告）が，被告によって手形行為が行われたことを具体的に立証しなければならない。

(3)　**銀行届出印**　　今日，実際に流通する手形・小切手は，銀行から交付され，銀行を支払場所・支払人とする統一手形用紙・統一小切手用紙を用いて振り出される。この場合，約束手形・小切手の振出人は，あらかじめ銀行に届け出た印鑑（**銀行届出印**。当座勘定規定14条参照）を用いて記名捺印を行う必要がある（ただし，銀行届出印を用いない署名が無効となるわけではない）。

支払担当者・支払人である銀行は，顧客が正当に振り出した約束手形・小切手を支払った場合に，支払金額を顧客の口座から引き落とすことができる。それ故，手形・小切手の支払呈示を受けた銀行は，それが顧客によって正当に振り出されたことを確認する必要があるが，これは手形・小切手上の捺印と銀行届出印とを照合することで行われる（**印鑑照合**。当座勘定規定16条参照）。捺印と届出印とが一致しなければ，その手形・小切手は顧客によって正当に振り出されたものでない危険が大きいため，銀行はその支払を行わず，手形・小切手は不渡となる。

(4)　**署名の代行**　　記名捺印を他人が代行できることにつき異論はない。自署を他人が代行することができるかについては，これを否定する説

■ 5.1　署　名　**49**

もあるが，判例・多数説は，権限の与えられた他人による自署の代行を認める（⇨7.1.2）。

立証の問題（手形所持人は，P名義の署名がPから権限を与えられたAによって行われた事実を立証しなければならない）はあるが，Pが自ら手形を支払う意思で，Aに命じてP名義の約束手形を振り出させた場合に，Pの手形行為の成立を否定し，振出人としての責任を否定しなければならない理由はないであろう。少なくとも，PがAに命じたのが記名捺印の代行か，自署の代行かで，Pの手形行為に基づく責任を異なって解しなければならない理由は見当たらない。

(5) **法人等の署名の方式**　会社などの法人の手形行為は，必ず代理方式（⇨7.1.1）によらなければならない。すなわち，「P株式会社　代表取締役A」というように，法人のためにすることを明示して，法人の代表者が署名する方式で行わなければならない。法人の行為は代表機関を通じて行われるのであり，代表機関の行為とは別に法人の行為を考えることはできないからである。したがって，たとえば，会社名を記載して会社印と代表者印を押捺するだけで，代表者の署名を欠く場合には（P株式会社　会社之印　代表者之印），会社の署名があるとはいえない（最判昭和41・9・13民集20巻7号1359頁：百選2事件）。

法人格を有しない民法上の組合の場合，組合を代理する者は，本人たる全組合員を表示して代理行為を行うのが原則であるが，実際は不便であるため，組合名とその代理人であることを示す肩書を付して代理行為を行うことが認められている（最判昭和36・7・31民集15巻7号1982頁：百選3事件。「P組合　組合長理事A」名義の手形振出に関する。権利能力なき社団・財団の手形行為についても同じである。最判昭和44・11・4民集23巻11号1951頁）。

なお，組合の手形行為については全組合員が共同振出人として合同責任を負う。手形行為は絶対的商行為（商501条4号）であるが，多数債務者間の連帯責任を定める商法511条1項は適用されない。

5.2 手形の交付

> [事例5-2] Yは，取引先Aに対する債務支払のため，受取人欄を白地
> にした約束手形を作成し，Aに交付するため手形を机上に置いていたとこ
> ろ，その手形がYの外出中に何者かによって盗取された。その後，手形
> の受取人欄が補充されて流通し，Xの所持するところとなった。XはYに
> 対して手形の支払を請求することができるか。

（1）　交付契約説　　手形の振出は，振出人が手形要件を記載して（署
名を含む）手形を作成し，これを受取人に交付することによってなされる。
手形の裏書は，裏書人が手形に裏書の方式を備えた記載をして，これを譲
受人に交付することによってなされる。このように，手形行為は，手形行
為者が手形に一定の記載を行った後で，手形を相手方に交付することによ
ってなされるのが通常の事態である。

　学説の多数は，債権債務関係の発生は契約によるのが私法の基本原則で
あるから，手形上の権利を発生させる手形行為も契約と解すべきであり，
手形行為とは，手形の授受（交付）という方式によって行われる契約であ
る，と解する（交付契約説）。交付契約説は，手形の作成・法定事項の記
載により効果意思が手形に記載されるが，この段階では未だ意思が「表
示」されたとは解されず，手形を相手方に交付することによって初めてこ
の意思が相手方に表示されて到達する（申込み）とともに，相手方が手形
を受領することによってその承諾があったことになり，契約としての手形
行為が成立する，と解する。

　交付契約説によれば，[事例5-2]のように，手形行為の方式を具備し
た手形が，署名者の意思によらずに流通に置かれた場合（交付欠缺），手
形行為は成立せず，署名者は手形行為に基づく責任を負わないことになる。
しかし，交付契約の有無を手形証券から知ることはできない。むしろ，署
名された手形が署名者以外の者の手中にある場合，署名者が手形に記載さ
れた通りの手形行為を行ったかのような外観が存在する。このような外観

■ 5.2　手形の交付　　**51**

に対する信頼が保護されなければ，手形取引の迅速・安全を図ることはできない（交付契約説を徹底すれば，手形取得者は交付契約の有無を調査・確認する必要が生じるが，これは，手形を文言証券・無因証券として人的抗弁の切断を定め，手形証券だけに依拠して手形を取得できることを確保しようとした趣旨に合致しない）。そこで，交付契約説を権利外観理論（表見法理）によって補充するのが多数説である。

❖ 創 造 説
　約束手形の振出に交付欠缺がある場合，善意の手形取得者を善意取得（手16条2項）によって保護することはできない。存在しない権利を善意取得することはできないからである。

　逆に言えば，交付欠缺の場合でも署名者の手形行為は成立し，手形権利は発生すると解すれば，善意の手形取得者を善意取得によって保護することができる。そこで，手形権利は，手形の作成・記載（署名を含む）という一方的行為によって発生すると考える創造説が主張される。しかし，この説には，手形の作成によって発生した権利の権利者が，手形が善意取得されるまで確定しないという問題がある。そこで，わが国では，手形行為を手形作成行為と手形交付行為との二段階に分け，前者は　署名者が自己に対する手形権利を発生させて手形に結合させる行為であり，後者はこのようにして成立した手形権利を相手方に譲渡する行為であると解する二段階行為説が，創造説では有力である。

（2）　**権利外観理論**　　流通を予定する手形にあっては，取引安全の要請から，手形権利が存在するかのような外観を正当に信頼した者を保護する必要がある（信頼原理）。他方，自らの行為により手形権利が存在するかのごとき外観を作出した者は，外観どおりの責任を負わされてもやむを得ない（帰責原理）。このように，「権利の外観を有責的に作出した者は，その外観を正当に信頼した者を保護するために，外観どおりの責任を負わなければならない」という考えを権利外観理論という。これによれば，交付欠缺により署名者の手形行為が成立しない場合でも，手形行為が成立したかのごとき外観の作出に帰責性のある署名者は，この外観を正当に信頼して手形を取得した者に対して，手形上の責任を負わなければならないことになる。

　権利外観理論は，（1）外観の存在，（2）外観の作出に対する帰責性，

52　■ 第5章　手形行為の成立要件

（3）外観に対する正当な信頼を，その構成要素とする。外観の存在とは，署名者の署名のある手形証券の存在である。外観に対する正当な信頼とは，交付欠缺の事実につき悪意・重過失のないことである。手形取引の迅速・安全を図るため，手形法では悪意・重過失のないことが原則とされている（手10条・16条2項）ことを理由とする。外観の作出に対する帰責性については見解が分かれるが，多数説は，その意思に基づき手形を作成・記載して署名したことで足り，手形の流通について何らかの原因を与えたことは必要でないと解する。

（3）**判　例**　最判昭和46・11・16（民集25巻8号1173頁：百選8事件）は，［事例5-2］と同様の事案につき，「手形の流通証券としての特質にかんがみれば，流通に置く意思で約束手形に振出人として署名した者は，たまたま右手形が盗難・紛失等のため，その者の意思によらずに流通に置かれた場合でも，連続した裏書のある右手形の所持人に対しては，悪意または重大な過失によって同人がこれを取得したことを主張・立証しない限り，振出人としての手形債務を負うものと解するのが相当である」と判示した。

この判決は，交付欠缺の場合の署名者の責任原因を「流通に置く意思で手形に署名した」ことに求める。これは，手形行為を行う意思で手形に署名したことを意味すると考えられる（この意思の欠ける場合につき⇒6.4）。この判決が権利外観理論によるものかは不明だが，結論において，署名者の帰責性をその意思により手形に署名したことに求める権利外観理論と異ならない。

したがって，［事例5-2］では，流通におく意思で手形に署名したYは，交付欠缺による手形行為の不成立を主張して手形債務を免れることはできず，そのためにはXが悪意または重過失により手形を取得したことを主張・立証しなければならない。

❖ **株券の発行**

株券の効力発生時期につき，判例（最判昭和40・11・16民集19巻8号1970頁：会社百選25事件）は，会社が株券を株主に交付したときに株券としての効力が生じると解する。これに対して学説では，有因証券（⇒3.4.1）である株券では，株式引受契約により発生した権利（株式）がいつ株券に表章されるかの問題であり，

■ 5.2　手形の交付　　53

会社が株券を作成し，どの株券がどの株主のものであるかが確定したときに効力が生じると解する説が多数であったが，上場株式について株券が廃止された今日，流通の安全を図る必要は大きくないとして，作成から交付までの間の株主に管理可能性のない段階で生じた盗難などから株主を保護する判例を支持する見解も有力である。

第6章

手形行為の有効要件

　手形行為も法律行為の一つであるから，法律行為が有効に成立するための要件である民法の規定（行為能力を有すること，内容が適法で社会的妥当性を有すること，意思の不存在・意思表示の瑕疵がないこと）も手形行為に適用があるように思われる。他方で，金銭債権の取引を円滑化するための手段であり，取引の安全が強く要求される手形にあっては，手形を取得しようとする者の知り得ない事情によって，手形行為が無効となることは好ましくない。

6.1　手形権利能力

　手形上の権利・義務の主体となりうる能力（権利能力）に関しては，手形法に特別の規定はなく，民法の一般原則による。したがって，自然人はすべて当然に手形権利能力を有する（民3条1項参照）。会社その他の法人の権利能力は，定款所定の目的の範囲内に制限される（民34条参照）と解するのが判例である（学説の強い反対がある）。

　もっとも，判例は，定款の目的につき弾力的に解釈し，目的遂行に必要な事項は目的の範囲に含まれ，かつ，必要か否かは行為の外形から客観的に判断されなければならないと解するから（最判昭和27・2・15民集6巻2号77頁：会社百選1事件），実際上，法人の手形行為が目的外の行為とされることはないであろう（最判昭和44・4・3民集23巻4号737頁：百選15事件は，農業協同組合は「その活動のため現に金銭取引を営んでいるというのであるから，右金銭取引の手段である手形行為をすることも当然に目的の範囲内に属する」と判示する）。

55

6.2　手形行為能力

[事例6-1]　次の場合，XはYに対して手形の支払を請求することができるか。
　① 未成年者Yが，法定代理人の同意を得ずにAを受取人とする約束手形を振り出し，AがこれをXに裏書譲渡した。その後，Yが手形の振出を取り消した。
　② Y振出の約束手形の受取人である未成年者Bが，法定代理人の同意を得ずにCに手形を裏書譲渡し，Cが手形をXに裏書譲渡した。その後，BがCへの裏書を取り消した。

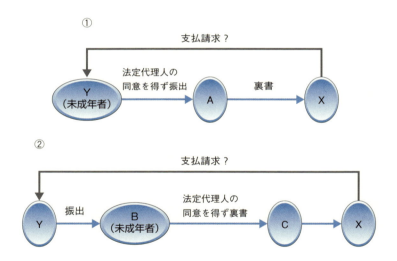

6.2.1　意思能力

　自分の行為の法的な意味を理解する能力を**意思能力**という。一般の法律行為では，7歳程度の判断能力が目安とされる。意思能力を欠く者（**意思無能力者**）の行為は無効である（民3条の2）。

6.2.2 行為能力

　手形行為を単独で有効に行うことができる能力を手形行為能力という。手形行為能力については手形法に別段の規定はなく，民法の一般原則による。民法は，独立して取引を行うだけの十分な判断能力を有しない者を制限行為能力者として定型的に定め（未成年者・成年被後見人・被保佐人），その者の法律行為を行う能力を制限するとともに，保護機関（親権者・後見人・保佐人）を設けてその監督に付し，もって制限行為能力者の保護を図っている。

　（1）　未成年者　　未成年者が法定代理人の同意を得ないで行った手形行為は取り消すことができる（民5条1項・2項）。ただし，未成年者が営業の許可を受けたときはその営業に関しては手形行為能力を有する（民6条）。処分を許された財産についても，その許された範囲内において手形行為能力を有する（民5条3項）。

　（2）　成年被後見人　　成年被後見人の行った手形行為は，後見人の同意を得たか否かにかかわらず，常に取り消すことができる（民9条）。成年被後見人の手形行為は，常に後見人がこれを代理して行う。

　（3）　被保佐人　　被保佐人の行う手形行為は，手形上の債務を負担するときは「借財」に（民13条1項2号），無担保裏書などのように手形債務を負担せずに手形を譲渡するときは「重要な財産に関する権利の得喪を目的とする行為」に（同項3号）それぞれ当たり，保佐人の同意が必要となる（大判明治39・5・17民録12輯758頁。準禁治産者に関する判例）。保佐人の同意を得ないで被保佐人の行った手形行為は取り消すことができる（同条4項）。被補助人の手形行為が制限された場合も（民17条1項参照），同様に補助人の同意が必要である（同条4項）。

6.2.3 制限行為能力者等の手形行為

　意思無能力者の手形行為は無効である。制限行為能力者の手形行為が取り消されると，その手形行為は初めから無効なものとみなされる（民121条）。意思無能力者および手形行為を取り消した制限行為能力者は何人に

■ 6.2　手形行為能力　　57

対しても手形上の責任を負担しない（物的抗弁⇨12.2(4)）。行為能力の有無は手形の記載からは知り得ないが，行為能力制度を設けた法の趣旨（制限行為能力者の保護）から，このように解されている。

　もっとも，直接の相手方については，手形行為者の能力を調査することが困難であるという事情は存在しないから，民法の原則通りで問題はない。その後の手形取得者は，［事例6-1］①のように，意思無能力者・制限行為能力者が約束手形を振り出した場合であれば，手形行為独立の原則（⇨4.2.4）により，他の手形行為者（A）の責任を追及することで保護される。

　［事例6-1］②のように，意思無能力者・制限行為能力者が手形を裏書譲渡した場合，無効な裏書によって手形権利は移転せず，直接の相手方Cは無権利者である（Bは手形権利者として，Cに対して手形の返還を請求できる）。その後の手形取得者Xは善意取得（手16条2項）によって保護される（直接の相手方Cが善意取得によって保護されるにつき，学説上，争いがある⇨12.4.2）。手形が善意取得されると，意思無能力者・制限行為能力者は手形権利を失うことになるが，その場合でも意思無能力者・制限行為能力者は裏書人として担保責任を負うことはない。

6.2.4　追認・取消しの相手方

　制限行為能力を理由に手形行為を取り消す場合，取消しの意思表示は手形行為の直接の相手方に対してしなければならない（民123条。大判大正11・9・29民集1巻64頁：百選9事件）。もっとも，追認の相手方については，無権代理に関するものではあるが，現在の手形所持人に対してなした追認を有効と解し（大判昭和7・7・9民集11巻1604頁），さらには，現在の手形所持人のほか，手形交付の直接の相手方に対してなすこともできる旨を判示する判例（大判昭和8・9・28民集12巻2362頁）がある。

　これに対して学説の多くは，手形の流通証券性を理由に，取消しも追認も，手形交付の直接の相手方に対しても，現在の手形所持人に対しても，いずれに対してなしてもよいと解する。取消し・追認に最も深い利害関係を有するのは現在の手形所持人であるから，この者に対する取消し・追認の意思表示を排除すべき理由はなく，また，制限行為能力者にとっても，

現在の手形所持人から手形金請求を受けたときに，この者に対して取消し・追認の意思表示をなすことができれば便宜でもある。ただ，転々流通する手形にあっては，現在の手形所持人が判らない場合もあるから，直接の相手方に対して取消し・追認の意思表示をなすことも認められる，というのである。

6.3　手形行為と公序良俗違反

[事例6-2]　次の場合に，XはYに対して手形の支払を請求することができるか。
　①　Yは，Aに対して負う賭博債務の支払のため，Aを受取人とする約束手形を振り出し，AはこれをXに裏書譲渡した。
　②　Bは，Xに対して負う賭博債務の支払のため，Y振出の約束手形をXに裏書譲渡した。

　法律行為の内容が強行法規（民91条）や公序良俗（民90条）に違反するとき，その法律行為は無効とされる。手形行為も，強行法規違反・公序良俗違反により，無効となるかどうかが学説で争われる。

　学説の多数は，この場合にも手形行為の無因性を徹底すべきであると解する。一定の金額の支払を目的とする手形行為が，強行法規や公序良俗に違反することはありえず，その違反は手形授受の原因関係について問題となるにすぎない，と主張する。

　この見解によれば，[事例6-2]①の場合，Yの手形振出は有効であり，手形が賭博債務支払のために振り出されたことはY・A間の人的抗弁となるにすぎず，Yは善意のXに対して手形の支払を拒むことはできない（手17条）。[事例6-2]②の場合も，Bの裏書は有効でXは手形権利者であるが，不法原因債務を無効とする法の趣旨から，その債権者であるXがYに対して手形の支払を請求することは権利の濫用に当たり許されない（⇨12.3.5）。

　これに対して，判例の見解は明確ではない。一方で，強行法規や公序良

俗に違反して手形を取得した者の手形金請求は認められるべきでなく，手形行為を（通常の法律行為と同じく）無効と解すべき方向に傾くが，他方で，そのような事情を知らずに手形を取得した者を保護する必要があり，手形行為を無効とすることに躊躇が感じられるからである。

判例は，裏書が強行法規や公序良俗に違反する場合（[事例6-2]②）には，裏書自体が無効となると解する（信託法10条違反の裏書につき，最判昭和44・3・27民集23巻3号601頁：百選59事件，賭博債務の支払につき，大判大正11・12・28新聞2084号21頁）。したがって，被裏書人Xは無権利者であり，何人に対しても手形の支払を請求することはできない（ただし，賭博債務の支払のために小切手が譲渡された事案につき，最判昭和46・4・9民集25巻3号264頁：百選88事件は「XがYに対して右小切手金の支払を求めることは，公序良俗に違反するものとして許されない」と判示して，手形行為の有効・無効について言及しない）。この場合，その後の手形取得者の保護は善意取得によって図ることができる。なお，自ら強行法規違反・公序良俗違反の裏書を行ったBが，手形の善意取得者に対して，裏書の無効を主張して担保責任を免れようとすることは，信義誠実に反して許されないであろう。

これと異なり，約束手形の振出につき強行法規や公序良俗の違反が問題となる場合（[事例6-2]①）には，判例は，直接の当事者間では手形行為は無効であるが，その無効をもって善意の第三者に対抗することはできないと判示する（大判大正9・3・10民録26輯301頁。これに対して，最判昭和39・1・23民集18巻1号37頁：百選25事件は，引受人は原因関係上の取引が民法90条に違反して無効であることを理由に手形の支払を拒むことができると述べるにとどまり，手形行為（引受）の有効・無効につき明示しない）。

6.4　意思表示に関する民法の規定

[事例6-3]　次の場合，XはYに対して手形の支払を請求することができるか。

①　YはAから土地売買の税金対策に必要だといわれて多数の書類に

署名したところ，その中にＡを振出人，Ｙを支払人とする為替手形が含まれていた。Ｙは，これまで手形を見たことがなく，また老眼鏡がなく内容を確認することもできなかったため，手形であることを認識せずに為替手形に署名をした。この手形はＡからＸに裏書譲渡された。

② ＡはＹに対して負う150万円の債務を支払うため，Ｙを受取人とする約束手形を振り出したが，その際，手形金額を誤って1,500万円と記載した。Ｙは手形金額の誤記に気付かずに，150万円の手形としてこれをＸに裏書譲渡した。Ｘが満期に手形を支払呈示したところ，支払が拒絶された。

③ Ａが数名の者を連れてＹの工場に来て，ＹがＢから買い受けた機械にいいがかりをつけ，「自分がこの機械に支出した50万円を支払え。支払わなければ機械を壊してやる」とおどしたため，Ｙは恐怖を感じ，Ａを受取人とする約束手形を振り出した。この手形はＡからＸに裏書譲渡された。

6.4.1 手形行為と権利外観

手形行為に，意思表示に関する民法93条以下の規定が適用されるかについては，学説上の争いがある。流通を予定する手形にあっては，善意の手形取得者の保護が強く要請されるところ，民法の意思表示に関する規定は善意者保護に十分でなく，民法の規定をそのまま手形行為に適用することは必ずしも適切ではないからである。

学説には大きく分けて2つの考え方がある。

(1) **修正適用説** 手形行為に民法の意思表示に関する規定が適用されることを認めつつ，権利外観法理（⇨5.2(2)）によって善意（無重過失を要求する説もある）の手形取得者を保護しようとする説である。

(2) **適用排除説** 手形行為について表示主義を徹底し，手形であることを認識して（認識すべき場合を含める説もある）署名すれば手形行為は有効に成立し，（手形の記載から明らかでない）意思表示の瑕疵は手形外の事情として人的抗弁となるにすぎないと考える説である。

もっとも，いずれの説によっても結論はほとんど異ならない。手形行為を行う意思で（後掲最判昭和54・9・6の表現を借りれば，手形であることを認

■ 6.4 意思表示に関する民法の規定　　**61**

識して）手形に署名した以上（帰責性），瑕疵があるにせよ，手形には署名者の意思「表示」がある（外観）から，署名者の有効な手形行為があったと信じて（信頼）手形を取得した者を保護するため，署名者は手形に表示されたとおりの責任を負わなければならない。これに対して，**絶対的強迫**の場合（たとえば，ピストルを突きつけられて手形に署名させられた場合など）には，署名者の意思表示と目すべき行為は法的には存在しないから，**署名者は何人に対しても手形上の責任を負わない。**

[**事例 6-3**] ①の Y は，手形であることを認識せずに署名をしている。権利外観法理における Y の帰責性として（適用排除説では，手形行為として成立するためには），手形行為を行うことの認識が必要であると解する説によれば，Y は何人に対しても引受人としての責任を負わないことになる（名古屋高判平成 9・10・31 金商 1031 号 32 頁）。この説は，およそ手形行為を行うことの認識がない場合，署名者の「意思」に基づく手形行為があったと法的に評価することはできないから，署名者に手形行為に基づく責任を負わせることはできないと考える。

これに対して，手形であることの認識可能性があれば足りると解する説によれば，Y が手形であることを認識していなかったことは錯誤となるから，Y は善意（無重過失）の X に対して，引受人としての責任を免れることはできない。この説は，自己の行為（署名）の法的帰結（手形上の責任を負うこと）につき認識可能性があれば，署名者がそのような行為を自らの意思で行ったことをとらえて，署名者に手形行為に基づく責任を負わせることができると考える。

6.4.2 手形行為と錯誤

手形行為に関して問題となる錯誤の多くは，手形行為を行う動機に錯誤がある場合（たとえば，原因債務が存在すると誤信して手形を振り出した）である。取引安全のため無因性と文言性が認められる手形行為にあっては，**動機の錯誤**は重要なものではなく，表示されてもいないから，取り消すことはできない（民 95 条 1 項・2 項。改正前民法の判例として，最判昭和 29・11・18 民集 8 巻 11 号 2052 頁）。

表示の錯誤（誤記）は，手形の流通証券としての特質にかんがみれば，通常，誤記をした表意者に重過失ありとして取消の主張を禁じる（民95条3項）ことで，手形取引の安全を図ることができる。判例（最判昭和54・9・6民集33巻5号630頁：百選6事件）は，**［事例6-3］**②の事案において，「裏書は，裏書人が手形であることを認識して……署名……した以上，裏書としては有効に成立するのであって，裏書人は，錯誤その他の事情によって手形債務負担の具体的な意思がなかった場合でも，手形の記載内容に応じた償還義務の負担を免れることはできないが，……悪意の取得者に対する関係においては，裏書人は人的抗弁として償還義務の履行を拒むことができる」と判示した。

　さらに，担保責任に関するYの錯誤について，「Yは，本件手形金のうち150万円を超える部分については手形債務負担の意思がなかったとしても，150万円以下の部分については必ずしも手形債務負担の意思がなかったとはいえず，しかも，本来金銭債務はその性質上可分なものであるから，……Yの錯誤は，本件手形金のうち150万円を超える部分についてのみ存し，その余の部分については錯誤はなかった」と判示して，Yは，錯誤につき悪意であるXに対して，錯誤のない150万円について担保責任を負うとした。

❖ 錯誤として処理すべき事案だったか

　この事案では，手形金額が150万円の誤記であることを全当事者が理解していたから，Yの裏書は（共通の理解である）150万円の手形の裏書譲渡として成立すると解すれば，錯誤の問題は生じない（その後の善意の手形取得者に対しては，権利外観法理により，Yは1,500万円の遡求義務を負わなければならない）。しかしこのような解釈に対しては，手形行為の文言性・手形客観解釈の原則（⇨4.2.3）に反するとの批判がある。

　手形行為の文言性により，Yの裏書は記載通り1,500万円の手形の裏書譲渡として成立すると解するほかないのであれば，Yの裏書に錯誤のあることを認めなければならない。この場合に，Yが悪意のXに対して150万円につき担保責任を負うという結論を認めるためには，本判決のように，Yの手形行為はその真意に対応しない部分だけが錯誤により無効になると解するか，そうでなければ，Yは記載通り1,500万円の手形金額につき担保責任を負うが，悪意のXとの関係では，Yは一般悪意の抗弁（一種の権利濫用）によって，150万円を超える部分の支払を

拒むことができると解するほかないであろう。

6.4.3　手形行為と詐欺・強迫

　詐欺につき判例は，「手形を詐取された［こと］は悪意の手形取得者に対する人的抗弁事由となるに止まり，善意の手形取得者に対しては振出人は手形上の義務を免れることはできない」と判示した（最判昭和25・2・10民集4巻2号23頁：百選7事件）。民法では，強迫による意思表示の取消は善意の第三者にも対抗できるが，判例は，［事例6-3］③の事案において，「強迫による手形行為取消の抗弁は，手形法上いわゆる人的抗弁として，善意の手形所持人には対抗できない」ことを判示した（最判昭和26・10・19民集5巻11号612頁）。

64　■　第6章　手形行為の有効要件

第 7 章

他人による手形行為

7.1　他人による手形行為の方式

手形行為も，通常の法律行為と同じく，代理人によって行うことができる。代理人による手形行為の方式には，代理方式と機関方式（代行方式）の 2 つがある。

代理方式とは，代理人が手形上に本人のためにすることを示して自己の署名をする方式であり，機関方式とは，代理人が手形に代理関係を表示せずに直接，本人名義の署名をする方式である。代理方式と機関方式とが区別されるのは，書面行為である手形行為にあっては，代理か否かの判断も手形の記載に従って判断されるからである。なお，この区別は第 8 章で解説する無権代理と偽造の区別とも結びついている。

代理の方式	手形上の署名	A が無権限の場合
代理方式	P 代理人 A（A の署名）	無権代理
機関方式	P（A による署名の代行）	偽　造

本人を P，代理人を A とした場合

7.1.1　手形行為の代理

［事例 7-1］　P 合資会社の代表社員 A が約束手形の振出人欄に「P 合資会社　A　A の印 」と署名した場合，この手形の所持人は，誰に対して手形の支払を請求することができるか。

（1）　**代理の方式**　　代理方式による手形行為は，本人のためにすること（代理関係）を手形に記載して，代理人が署名して行わなければならない。たとえば，「P代理人A」，「P株式会社　代表取締役A」という方式で行う必要がある。

　手形行為は商行為であるが（商501条4号），手形行為には非顕名の代理に関する商法504条は適用されない。民法100条ただし書の適用もない。手形行為の文言性から，代理であることが手形の記載から明らかになっていなければ，手形行為の代理と解することはできないからである。

（2）　**代理関係の表示を欠く場合**　　手形に記載すべき代理・代表関係の表示について，手形法に特別な定めはない。代理人，代表取締役などのように代理・代表であることを直接意味する表示に限られるわけではなく，署名者が代理人・代表者として本人のために手形行為をなすことを認識しうる記載があればよい。たとえば，支店長，営業部長，後見人などのように，一般に手形行為の代理権を有すると認められる肩書が記載されていれば，代理関係の表示として十分である（「P会社　A 代表者之印 」のように，会社代表者の印鑑が押捺されていれば，代表関係の表示を認めることができる）。

　[事例7-1] のように，会社名の記載と個人の署名があるだけで代表関係の表示を欠く場合，どのように解すべきであろうか。判例（最判昭和47・2・10民集26巻1号17頁：百選4事件）は，このような署名は，P会社のためになされたものとも（最判昭和56・7・17判時1014号128頁は，受取人の記載が「P株式会社」であり，第一裏書欄の裏書署名が「P株式会社　A　 Aの印 」である場合に，裏書の連続を認める。これは，代表関係の明示を欠くこの裏書署名も，P会社の裏書として成立することを前提とする），代表者A個人のための署名である（会社名の記載は勤務先を表示したにすぎない）とも解釈できるが，そのいずれであるかを手形外の証拠によって決することは手形客観解釈の原則（⇒4.2.3(2)）から許されないとして，手形の記載からそのいずれであるかを判定できない場合には，「手形取引の安全を保護するために，手形所持人は，法人および代表者個人のいずれに対しても手形金の請求をすることができ，請求を受けた者は，その振出が真実いずれの趣旨でなされたかを知っていた直接の相手方に対しては，その旨の人的抗弁を主張」する

66　■ 第7章　他人による手形行為

ことができる，と判示した。学説の多くもこの判決に賛成する。

❖ **最判昭和47・2・10への批判**

　本判決に反対する説は，署名者は法人のためか，個人としてか，いずれかの趣旨で手形に署名したのであり，手形所持人もいずれかが署名したと考えて手形を取得したのだから，いずれにも請求できるというのは所持人の保護として行き過ぎであると本判決を批判し，合理的解釈によって法人の署名か個人の署名か，いずれかに確定すべきであるとする。しかし，手形の記載だけを根拠に，いずれであるかを十分な説得力をもって決めることができるかは相当に疑問がある。いずれかに確定すべきであると考えるのであれば，手形外の事情を考慮してはならないことの意味を検討し直す必要があるように思われる。

　本判決に賛成する説の中には，上記の批判を考慮して，いずれに対しても請求できるとはせずに，手形所持人は，法人の署名か個人の署名か，いずれかを選択することができると解する説もある。

7.1.2　機関方式による手形行為

　代理人Ａが手形に代理関係を表示せずに直接，本人Ｐ名義の署名を行う場合が機関方式である。この場合，手形面上，あたかも本人Ｐが手形行為を行ったかのような表示がなされる点で，代理人Ａによる手形行為であることが手形に表示される代理方式とは異なった法的問題が生じる。

　機関方式により手形行為が行われる場合には，２つのものがある。

　（1）　本人ＰがＡをあたかも手足のように使って，Ｐ名義の署名を代行させる場合である。会社の代表取締役が，経理担当の事務職員に命じて会社名義の手形を振り出させる場合が典型例である。この場合，法的には，本人Ｐの手形行為があると評価されることになる。

　（2）　本人Ｐのために手形行為を行う権限を与えられたＡが，本人Ｐ名義の署名を代行する場合である。これは実質的には，手形行為の代理であり，ＡがＰから与えられた権限に基づきＰ名義で手形行為を行うことにより，その効果がＰに帰属することになる。

■ 7.1　他人による手形行為の方式　67

7.2　実質的要件

　他人による手形行為の効果が本人に帰属するためには，代理人・代表者として署名する者 (機関方式での署名者を含む) が，本人のために手形行為を行う権限 (代理権・代表権) を有することが必要である。代理権を有しない場合，代理方式では無権代理が，機関方式では偽造が，それぞれ問題となる。

7.2.1　代理権の濫用

> [事例7-2]　Y株式会社の代表取締役Aは，その息子Bが行う事業を援助するため，Y会社代表取締役A名義でBを受取人とする約束手形を融通手形 (⇨2.2.2(2)) として振り出し，Bがこの手形につき貸金業者Xから手形割引を受けた。その後，Bは別の手形につき不渡を出して倒産した。
> 　Xは，満期にY会社に対して手形の支払を請求することができるか。

　代理人・代表者が，自己または第三者の利益を図る目的で代理権を濫用して手形行為を行う場合，代理権濫用の法理が適用される。この場合，客観的には代理権・代表権の範囲内の行為であるから，有効な代理・代表行為であり，無権代理ではない。しかし，相手方が代理人・代表者の権限濫用の意図を知っているような場合にまで，本人に責任を負わせることは妥当でない。

　代理権の濫用の場合，本人は，相手方が代理人・代表者の権限濫用の意図を知り，または知ることができたことを主張・立証して，手形上の責任を免れることができる (民107条。改正前民法の判例として，最判昭和44・4・3民集23巻4号737頁：百選15事件)。しかし，[事例7-2] のXのようなその後の手形取得者に対しては，本人 (Y会社) は，「手形法17条但書の規定に則り，手形所持人の悪意を立証してのみ手形上の責めを免れうる」。

7.2.2　取締役・会社間の手形行為

> [事例7-3]　Y株式会社 (取締役会設置会社で，代表取締役はA) は，取引銀行

68　■ 第7章　他人による手形行為

Xから手形貸付（⇨2.2.2(1)）の方法により事業資金を借り受けた。その際，X銀行が，手形の支払を担保するためY会社の取締役Dが手形に裏書署名することを要求したため，Y会社の代表取締役Aは，取締役会の承認を得ずに，取締役Dを受取人とする約束手形を振り出し，Dがこれに裏書をしてXに譲渡した。

　XはY会社に対して手形の支払を請求することができるか。

　会社が取締役に宛てて約束手形を振り出すことは，原則として，利益相反取引にあたる（会356条1項2号。最判昭和46・10・13民集25巻7号900頁：百選37事件）。取締役会の承認（会365条1項。取締役会を設置しない会社では株主総会の承認）のない利益相反取引は，一種の無権代理行為として無効であるが（最判昭和43・12・25民集22巻13号3511頁：会社百選58事件），前掲昭和46年最高裁判決は，会社は，その後の手形取得者に対しては，「手形の振出につき取締役会の承認を受けなかったことのほか，当該手形は会社からその取締役に宛てて振り出されたものであり，かつ，その振出につき取締役会の承認がなかったことについて［取得者］が悪意であったことを主張し，立証するのでなければ，その振出の無効を主張して手形上の責任を免れえない」と判示して，いわゆる相対的無効説をとることを明らかにした。

　上記判例によれば，［事例7-3］のY会社は，取締役会の承認がなかったことにつきX銀行の悪意を証明すれば，手形の支払義務を免れることができそうである。しかし，会社法356条の規制趣旨（会社・取締役間の取引により会社の利益が害される危険性に基づく予防規制）から，会社の利益を害するおそれのない行為には，同条の適用はないと解されている。［事例7-3］のように，取締役DがY会社の債務を保証する趣旨で手形に裏書をするためにY会社から振出の約束手形の受取人となったという事情がある場合，会社と取締役間の実質的な利益相反はないから，会社法356条は適用されず，Xの善意・悪意に関わりなく手形振出は有効と解すべきであろう（大阪高判昭和38・6・27高民集16巻4号280頁）。

■ 7.2　実質的要件　　**69**

第8章

無権代理と偽造

8.1　無権代理

　代理人・代表者として署名した者が，本人のために手形行為を行う権限（代理権・代表権）を有しない場合，**無権代理**となる。また，代理人・代表者として署名した者が，その有する代理権・代表権の範囲を越えて手形行為を行った場合（たとえば，金額100万円の手形を振り出す権限を有する代理人が，金額200万円の手形を振り出した場合）には，**越権代理**が問題となる。

8.1.1　本人の責任

　無権代理人によって行われた手形行為は，民法の一般原則に従い，原則として，本人に効果帰属しない。無権代理人によって約束手形の振出あるいは手形保証がなされた場合，本人は手形上の責任を負わない。無権代理人によって手形の裏書がなされた場合，本人は遡求義務を負わないのみならず，無権代理人の裏書によって手形権利は被裏書人に移転せず，本人は手形権利を失わない。

　ただし，次の2つの場合には，無権代理人による手形行為の効果が本人に帰属する。

　（1）　追　認　　本人が無権代理人による手形行為を追認した場合（民113条1項），代理行為の効果は行為時に遡って本人に帰属する（民116条）。追認の相手方は，代理行為の直接の相手方でも，現在の手形所持人でもよい（大判昭和7・7・9民集11巻1604頁，大判昭和8・9・28民集12巻2362頁）。

70

(2)　**表見代理**　　民法の表見代理（民109条・110条・112条）が成立する場合，本人は無権代理人の行った手形行為の効果が自己に帰属することを拒むことができない（⇨8.3）。

8.1.2　無権代理人の責任

　民法は，無権代理行為の相手方保護のために，無権代理人は善意無過失の相手方に対して履行責任または損害賠償責任を負うことを定める（民117条）。手形法は，手形取引の安全を図るため，これをさらに進め，画一的に無権代理人に手形上の責任を負わせる（手8条）。手形法8条の責任は，「名義人本人が手形上の責任を負うかのように表示したことに対する担保責任」であり（最判昭和49・6・28民集28巻5号655頁：百選17事件），本人が実在しないため，本人に手形上の責任を負わせることができない場合にも，手形法8条が類推適用される（最判昭和38・11・19民集17巻11号1401頁）。

　手形法8条は，民法117条2項と異なり，相手方の善意・無過失を要求していない。無権代理人は相手方の善意・悪意を問わず手形法8条に基づく責任を負うが，無権代理であることを知っている相手方に対しては，無権代理人はそれを人的抗弁として主張して責任を免れることができる（偽造に関する判例であるが，最判昭和55・9・5民集34巻5号667頁）。

　　表見代理が成立する場合の無権代理人の責任　　代理人として署名した者が手形法8条の無権代理人の責任を追及された場合，代理権を有することを証明して責任を免れることができる（民117条1項参照）。また，本人による追認があったことを立証してもよい。

　しかし，無権代理人として責任を追及されている者が，表見代理が成立し，本人が手形上の責任を負うことを証明して責任を免れることはできない（最判昭和33・6・17民集12巻10号1532頁：百選11事件）。表見代理は善意の相手方を保護する制度であるから，表見代理に基づく本人の責任追及と無権代理人の責任追及のいずれを選択するかは相手方たる手形所持人の自由であり，自ら無権代理行為を行った者の免責を認める必要のないことを理由とする。

■　8.1　無権代理　　71

8.1.3 越権代理

越権代理の代理人も無権代理人と同様の責任を負う（手8条第3文）。すなわち，本人は原則として代理権の範囲においてのみ手形上の責任を負い，越権代理人は記載された手形金額の全額について手形上の責任を負うことになる。

8.1.4 責任を履行した無権代理人の地位

無権代理人（越権代理人を含む）が，その責任を履行したときは，本人と同一の権利を取得する（手8条第2文）。約束手形の振出人や為替手形の引受人は最終の義務者であり，これらの者の無権代理人がその責任を履行しても手形上の権利を取得することはない。本条は，無権代理人が裏書署名した場合を想定した規定であり，遡求義務を履行した無権代理人は，本条により，自己の前者および約束手形の振出人・為替手形の引受人に対して，手形の支払を請求することができる（手形法8条は，無権代理人と本人との関係を定めたものではない。無権代理人が，本人との関係において，手形上の権利を保持することができるかは，無権代理人と本人との間の実質関係によって決まる）。

この場合，無権代理人は本人と同一の権利を取得するから，無権代理人から請求を受けた手形債務者は，無権代理人自身に対する抗弁のほか，本人が請求したなら対抗することができた抗弁を対抗することができる。

8.2 偽 造

機関方式で手形行為が行われた場合に，行為者が本人のために署名を代行する権限を有しない場合が偽造である。

わが国では，手形・小切手は企業，特に会社によって利用されている。会社の手形行為は，代表者が会社を代表する旨を表示して署名することにより行われるが，実際には，会社の経理担当の従業員が代表者の指図に従って代表者の署名を代行して行うのが通常である。この場合の会社の署名は，代表者が会社を代表してなす代理方式の署名であるとともに，従業員

72 ■ 第8章 無権代理と偽造

が代表者の署名を代行してなす機関方式の署名でもある。手形偽造の典型事例は，会社および代表者の記名判と代表者印を保管している従業員が，代表者の指示に基づかずに勝手に会社の代表者名義で手形行為を行う場合である。

このほか，実在しない者（仮設人）の署名を行うことも偽造の典型事例の一つである。

8.2.1 被偽造者（名義人）の責任

被偽造者は，手形上の責任を負わないのが原則である。被偽造者の手形行為はなく，偽造者の行った手形行為の効果が被偽造者に帰属することもないからである。ただし，無権代理の場合と同様に，次の2つの場合には，偽造による手形行為の効果が被偽造者に帰属する。

(1) **偽造の追認**　偽造の手形行為は，無権代理の場合と同様に，本人の追認によりその行為時に遡って有効となる（最判昭和41・7・1・判タ198号123頁）。

(2) **表見代理**　偽造の場合の表見代理（実際には，民法110条の類推適用が問題となる）の成否に関しては後述する（⇨8.3）。

8.2.2 偽造者の責任

[事例8-1]　株式会社P商店の代表取締役Yは，実在しない「Q製作所代表取締役A」の名称を用いてP商店を受取人とする約束手形を振り出し，Xに対して，この手形はPがQから商取引に基づく代金決済のために取得した商業手形であると説明して，その割引を依頼し，XはこのYの

説明を信じて右手形を割引により取得した。

　この手形は不渡となり，裏書人Pは倒産している。XはYに対して手形の支払を請求できるか。

　かつては，偽造者は，不法行為責任は別として，手形上の責任を負わないと解されていた。しかし，偽造と無権代理とが代理関係の表示の有無という形式上の区別にすぎないことを考慮するとき，無権代理人が手形上の責任を負うのに，偽造者は手形上の責任を全く負わないというのは著しく均衡を欠く。

　[事例8-1] の事案において，最判昭和49・6・28（民集28巻5号655頁：百選17事件）は，偽造手形を振り出した者は，手形法8条の類推適用により手形上の責任を負うと判示した。「手形法8条による無権代理人の責任は，……名義人本人が手形上の責任を負うかのように表示したことに対する担保責任であると解すべきところ，手形偽造の場合も，名義人本人の氏名を使用するについて何らの権限のない者が，あたかも名義人本人が手形上の責任を負うものであるかのように表示する点においては，無権代理人の場合とかわりはなく，したがって，手形署名を作出した行為者の責任を論ずるにあたり，代理表示の有無によって本質的な差異をきたすものではな［い］」ことを理由とする。

　学説においても，手形法8条の類推により偽造者の責任を認めるものが多数である（手形法8条類推適用説）。この説によれば，偽造者は，無権代理人と同様，偽造につき悪意の相手方に対しては責任を負わないことになる（最判昭和55・9・5民集34巻5号667頁）。

❖ **偽造者行為説**

　少数説だが，偽造者は他人または仮設人の名を「自己を表示する名称」として用いたのであり，自ら手形行為者として手形上の責任を負うべきであるとの説（いわゆる偽造者行為説）も有力に主張されている。これは，1回限りで他人の名称を用いた場合であっても，自己を表示するためにその他人の名称を用いた以上，手形行為者として手形上の責任を負うべきであるとの考え（⇨5.1.2(1)）をさらに徹底して，偽造者の主観的意図にかかわらず，自ら手形に署名して手形行為を行っている以上，それは偽造者の自己のためにする手形行為と認めなければなら

74　■　第8章　無権代理と偽造

ないと主張する。

　しかし，偽造の態様はさまざまであり，すべての偽造の事案を偽造者行為説の考えで解決することはできない（代表者印を保管する従業員による偽造を考えよ）。[事例8-1]でYの手形上の責任を偽造者行為説によって説明しようとすると，「Q製作所　代表取締役A」という名称はY個人を表示する名称であるという相当無理な解釈をしなければならない。

8.3　表見代理

　無権代理・無権限代表の手形行為についても民法の表見代理が成立する。民法は表見代理が成立する場合として，「代理権授与の表示による表見代理」（民109条），「権限外の行為の表見代理」（民110条），「代理権消滅後の表見代理」（民112条）の3つを規定している。

8.3.1　表見代理により保護される第三者

[事例8-2]　Y株式会社の従業員Bは，Y会社のために金融機関で手形割引を受ける業務を担当していたが，手形振出の権限は与えられていなかった。BはY会社の営業資金を調達するため，Y会社の会社印および代表取締役Aの記名印と印鑑を使用して，「Y会社　代表取締役A」名義の約束手形2通（①と②）を作成し，かねてからBがY会社のために手形割引を受ける業務を担当していることを知っているXにその割引（正確には手形貸付）を依頼した。Xは①の手形を自ら割り引いたが，②の手形はXの紹介によりZが割り引いた。その後，②の手形は裏書譲渡されて，最終的にXが取得した。
　XはY会社に対して手形の支払を請求することができるか。

　表見代理に関する規定にいう「第三者」が代理行為の直接の相手方に限られるのか，それともその後の手形取得者も含まれるのかについては，判例・学説で争いがある。

　判例は一貫して，表見代理規定にいう「第三者」は，代理行為の直接の

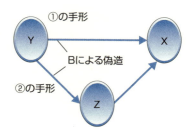

相手方に限り，その後の手形取得者は含まれないと解する（最判昭和36・12・12民集15巻11号2756頁：百選10事件）。表見代理の制度は，代理人として行為する者が代理権を有するかのような外観を信頼して取引関係に入った者を保護するものであるところ，このような信頼は，代理人として行為する者と直接に取り引きする相手方について存在しうるものだからである。直接の相手方かどうかは，手形の記載から形式的に判断するのではなく，実質的な取引関係を考慮に入れて判断しなければならない（最判昭和45・3・26判時587号75頁。Yの代理人甲が，Aが他から融資を受ける際の保証をする趣旨で，Y名義でAを受取人とする約束手形を振り出し，Xがそのような手形として甲の代理権を信じて手形を取得したときは，その実質上の取引関係は，XがYの代理人甲から直接に手形の振出を受けた場合と異ならない）。

　これに対して，学説では，流通を予定する手形の取引安全を理由に，表見代理によって保護される第三者には，直接の相手方のみならず，その後の手形取得者も含まれると解するのが多数説である。確かに，その後の手形取得者が代理人として行為する者の代理権を信頼したという事情は存在しないから，その後の手形取得者について表見代理が成立することはほとんどない。しかし，稀であるにせよ，表見代理の要件を満たす場合に，直接の相手方でないという理由だけで表見代理の成立を否定する必要はなかろう。

　［事例8-2］において，①の手形につき表見代理（の類推）により保護されるXが，②の手形についてはZが介在したというだけの理由で保護されないと解することが，合理的であるとは思われない。その後の手形取得者であっても，民法の表見代理の要件が満たされる限り，保護されると解

する多数説に賛成すべきであろう。

　いずれにせよ，民法の表見代理によってその後の手形取得者を保護することは困難であるため，学説には，表見代理の基礎にあるより一般的な権利外観理論によって手形取得者を保護すべきであるとの見解も有力に主張されている（⇨8.3.4(2)）。

8.3.2　その他，商法・会社法の規定による善意の手形取得者の保護

　(1)　**包括的代理権の内部的制限**　支配人（商20条・会10条），持分会社の代表社員・代表者（会599条），株式会社の代表取締役（会349条）・代表執行役（会420条）など，本人または会社を代理・代表する包括的な権限を有する者は，その地位に基づき当然に本人・会社を代理・代表して手形行為を行う権限を有する。これらの者については，その手形行為を行う権限を制限しても，善意の第三者に対抗することができない（商21条3項，会11条3項・599条5項・349条5項・420条3項）。また，経理部長など，その職務内容から会社のために手形行為を行う権限を有すると解される商業使用人についても，その手形行為を行う権限を制限しても，善意の第三者に対抗することはできない（商25条2項，会14条2項）。

　(2)　**表見支配人・表見代表取締役**　さらに，表見支配人（商24条，会13条），表見代表取締役（会354条），表見代表執行役（会421条）の制度によって，善意の手形取得者の保護を図ることができる。もっとも，これらの規定により保護される第三者は，直接の相手方に限られ，その後の手形取得者はこれに含まれない（最判昭和40・4・9民集19巻3号632頁，最判昭和59・3・29判時1135号125頁）。

　(3)　**退任未登記・不実の登記**　絶対的登記事項である支配人・持分会社の代表社員・代表取締役・代表執行役の退任の登記が未了の間に，退任した支配人・代表取締役が営業主・会社を代理・代表して手形行為を行った場合，商法9条1項・会社法908条1項が適用される。また，事実に反して支配人・代表社員・代表取締役・代表執行役でない者を支配人・代表社員・代表取締役・代表執行役として登記した場合，商法9条2項・会社法908条2項が適用される。これらの規定によって，その後の手形取得

■ 8.3　表見代理　　77

者を含めた善意の手形所持人の保護が図られる。

8.3.3　偽造と表見代理

　無権限者が機関方式によって他人名義の署名を行う偽造の場合にも，表見代理に関する民法の規定（民110条）が類推適用されると解するのが判例・多数説である。「本人から手形振出の権限を付与されていない他人が，いわゆる機関方式により手形を振り出した場合に，第三者において右他人が本人名義で手形を振り出す権限があると信ずるについて正当な理由があるときは，本人は，右他人のなした手形振出についてその責めに任ずべきものと解するのが相当である。けだし，……［偽造と無権代理は］……いずれも無権限者による本人名義の手形振出である点において差異はなく，第三者の信頼を保護しようとする表見代理の制度の趣旨から実質的に考察すれば，……［偽造の］場合においても，右表見代理に関する規定を類推適用し，……［無権代理の］場合と同様の法律関係の成立を肯定するのが相当であるからである」(最判昭和43・12・24民集22巻13号3382頁：百選13事件)。

　しかし，偽造の場合，相手方は誰によって署名が行われたかを知らないから，「他人が本人名義で手形を振り出す権限がある」と信じて手形を取得したという事情は通常存在しない。たとえば，**[事例8-2]** でXは，BがY会社代表取締役A名義で手形を振り出す権限があると信頼したわけではない。Xは，誰が署名したかは知らないが，とにかく「Y会社　代表取締役A」という署名が真正であろうと信じたにすぎない。

　最判昭和39・9・15（民集18巻7号1435頁：百選14事件）は，このような場合であっても，「相手方が，本人が真正にこれを振り出したものと信ずるにつき正当の事由があるときは，民法110条の類推適用により，本人がその責めに任ずべきものと解するのが相当である」と判示した。この判決に対しては，本人の真正な手形行為があったことの信頼を表見「代理」によって保護することには無理があり，より一般的な権利外観理論によるべきであるとの批判がある（⇨8.3.4(2)）。しかし，交付契約説（⇨5.2(1)）の立場では，手形に記載された意思の「表示行為」である交付（交付契約の申込み）の段階をとらえて，表見代理の成否を考えればよいのであって，

78　■ 第8章　無権代理と偽造

署名を誰が行ったかは問題とならない（署名それ自体は，署名者の手形行為が真正に成立したことを手形書面に明らかにするために行われる事実行為にすぎない⇨5.1.1）。

[事例 8-2] では，偽造者BはY会社を受取人とする手形の割引を金融機関から受ける権限（基本代理権）を有しており，XがこのBの権限から，BがY会社のためにXから融資を受けてY会社振出名義の手形を交付する権限を有すると信じたことに「正当の理由」があるか否かが問題となるのであり，民法110条を類推適用することができる。このように解すれば，昭和39年判決と昭和43年判決とは，表現こそ違うが，実質的には同一線上に位置する判決と解することができる。

8.3.4　使用者責任による手形所持人の保護

(1)　**使用者責任**　手形・小切手は企業，特に会社によって利用されており，偽造や無権代理も企業の従業員によって行われることが多い（以下では，実際上問題となる偽造について説明する）。そこで判例は，民法の表見代理規定の（類推）適用によって被偽造者に手形上の責任を負わせることができない場合（たとえば，偽造者が基本代理権（民110条）を有しない場合や，代理行為の相手方に悪意又は過失がある場合），被偽造者である企業に**使用者責任**（民715条）を認めることによって，手形所持人（特に，その後の手形取得者）を救済しようとする。

使用者責任が認められるためには，偽造が「**事業の執行につき**」なされたことが要件となる。判例（最判昭和36・6・9民集15巻6号1546頁：百選18事件）は，「『事業の執行につき』とは，被用者の職務の執行行為そのものには属しないが，その行為の外形から観察して，あたかも被用者の職務の範囲内の行為に属するものと見られる場合をも包含する」と解する（いわゆる**外形理論**）。一般に，被用者が手形事務に関連する職務に従事していたときは，外形理論に基づき使用者責任が認められる。

判例は外形理論を「取引行為に関する限り行為の外形に対する第三者の信頼を保護」することにあるとし，相手方に悪意または重過失のある場合には使用者責任を否定する（最判昭和42・4・20民集21巻3号697頁，最判昭和

■ 8.3　表見代理　　79

42・11・2民集21巻9号2278頁など）。しかし，相手方が悪意の場合でも，その後の手形取得者が「真正に振り出されたものと信じて」手形を取得した場合には，使用者責任が認められる（最判昭和45・2・26民集24巻2号109頁）。このように，外形理論は，取引の相手方の信頼保護という機能を有するため，同じく取引の相手方の信頼保護を目的とする表見代理制度との関係をどのように解すべきか，両者をどのように調整すべきかという困難な問題が生じる。

使用者責任は不法行為責任であるから，手形所持人が請求できるのは手形金額ではなく，その被った損害の賠償である。具体的には，偽造手形を割り引いた場合の割引金のように，手形所持人が手形取得の対価として出捐した金額が損害額となる。また，表見代理と異なり，手形所持人に過失があっても被偽造者の使用者責任は認められるが，その場合には過失相殺が認められる（民722条2項）。

(2) 権利外観説　無権代理や偽造の場合に，民法の表見代理によって手形取得者を保護することには限界があることから，表見代理の基礎にある権利外観理論によって手形取得者を保護すべきであると考える説もある（以下では，偽造を例に説明する）。

権利外観説は，名義人の真正な手形行為があったかのような外観に対する信頼が保護されると解する。このような外観の存在は署名が真正であることに求められる。手形取得者の信頼は，偽造の手形行為であることを知らないこと（無重過失を要求する説もある）で足り，表見代理における「正当事由」は要求されない。手形に名義人の真正な印鑑が押捺されていれば（従業員による偽造は，その保管する真正な印鑑を用いて行われる），これらの要件は満たされるから，結局，名義人が手形上の責任を負うか否かは，帰責事由の有無によって決まることになる（無権代理人の行った行為の効果を本人に帰属させることができるのは，本人に民法109条・110条・112条に定める帰責事由が存する場合に限られるというのが現行法のルールである。偽造も，無権限者による手形行為の効果を帰属させる点で無権代理と異ならないから，これらに相当する帰責性が存するのでない限り，たとえ手形取得者が善意・無過失であっても，名義人に手形上の責任を負わせることはできない）。

80　■　第8章　無権代理と偽造

前述したように，偽造の場合も，直接の相手方の保護は，民法の表見代理（民110条）によって図ることができ，無権代理の場合との均衡から，それ以上の保護を与える必要もない（直接の相手方に表見代理が成立する場合，その後の手形取得者は手形権利を承継取得する。最判昭和35・12・27民集14巻14号3234頁）。問題となるのは，直接の相手方に表見代理が成立しない場合に，その後の手形取得者を権利外観理論によって保護することが適切か否かである。

　判例は，名義人に使用者責任を認めることで，その後の手形取得者を保護する。使用者責任では，名義人は，手形金額ではなく，手形取得者が有効な手形だと信じて支出した損害（信頼利益）を賠償する責任を負う。これに対して，権利外観説では，名義人は有効な手形行為があったのと同じ責任（履行責任），つまり手形金支払義務を負う。したがって，権利外観説が要件とする名義人の帰責性と手形取得者の信頼のもとで，名義人に信頼利益の賠償を超えた履行責任を負わせることが現行法のルールと整合的であるかが問題となる。これは，一方において，民法の表見代理規定における帰責性と信頼の要件との整合性が問題となり，他方において，同じく権利外観責任が認められる交付欠缺や意思表示の瑕疵等の場合に，署名者が手形行為を行う意思で手形に署名したことに帰責性が求められていることとの整合性が問題となる。

　なお，無権代理・偽造を理由に本人・名義人が手形上の責任を負わない場合でも，手形取得者は，手形行為独立の原則（⇨4.2.4）に基づき，他の手形行為者の手形上の責任を追及することができる。

8.3.5　名板貸

　商人ＰがＡに対してＰの商号を使用して営業を行うことを許諾し，Ａが許諾を受けた営業に関して，Ｐの商号を用いて手形を振り出すなど，Ｐ名義の手形行為を行った場合，Ｐは，自己を営業主と誤認して手形を取得した者に対し，名板貸人として手形上の責任を負う（商14条。Ｐが会社の場合は会9条）。この場合，名板借人Ａは「自己を表示する名称としてＰ名義を使用した」のであり（⇨5.1.2(1)），手形行為者として手形上の責任

■ 8.3　表見代理　　81

を負う。

　商人Ｐから営業を行うため商号の使用許諾を受けたＡが，Ｐ名義で営業を行わず，Ａが代表者を務めるＢ会社の営業のためにＰ名義を用いてＢ会社を受取人とする約束手形を振り出した場合でも，Ｐは，Ｐ振出の手形であると信じて手形を取得した者に対し，商法14条の類推適用により手形上の責任を負う（最判昭和55・7・15判時982号144頁：総則・商行為百選14事件）。この場合，Ａは手形法8条の類推適用により手形上の責任を負うことになろう（⇨8.2.2）。

　以上と異なり，ＰがＡに対して，銀行との当座預金取引および手形取引についてＰ名義の使用を許諾した場合には，「商法23条［現行14条］にいう営業とは，事業を営むことをいい，単に手形行為をすることはこれに含まれない」として，Ｐの名板貸人としての責任を否定するのが判例である（最判昭和42・6・6判時487号56頁：百選12事件）。これに対して学説では，商法14条・会社法9条を，商号の使用許諾により取引の主体が名義人であるかのような外観を作出した者は，その外観を信頼して取引した者を保護するため，外観に従った責任を負うべきことを定めた規定であると理解し，手形行為について商号の使用許諾をした者についても同条を類推適用して，あるいは同条の基礎にある権利外観理論により，手形上の責任を認めるべきであるとの見解も有力に主張されている。

第3編

約束手形

第 9 章

振 出

9.1 振出の意義および効力

9.1.1 振出の意義

　約束手形の振出は，法定の要件を備えた約束手形を作成して，これを受取人に交付することによって行われる。手形は厳格な要式証券であり，手形法75条は約束手形に記載しなければならない事項を具体的に規定する。この法定の記載事項を手形要件という。また，このようにして振り出された手形を基本手形という。

9.1.2 振出の効力

　約束手形の振出は，手形金額の支払義務の負担を目的とする手形行為である。約束手形の振出人は，主たる債務者として，第一次的かつ絶対的な支払義務を最終的に負担する。

　（1）　振出人は第一次的・絶対的な支払義務を負う　　約束手形の振出人は，満期の到来により当然に手形の支払義務を負い，その債務は，満期から3年の消滅時効にかかるまで消滅しない。この点で，満期に手形が支払われなかったことを条件として手形の支払義務を負う遡求義務者（裏書人）と異なる。

　（2）　振出人は最終的な支払義務を負う　　約束手形の振出人は最終的な支払義務を負い，その支払によりすべての手形上の権利義務関係が消滅

85

する。この点で，遡求義務者が遡求義務を履行した場合，前者である裏書人および振出人に対して再遡求することができ，その限りで手形上の権利義務関係が存続するのと異なる。

9.2 基本手形

9.2.1 手形の記載事項

　基本手形の記載事項は，手形要件と要件以外の記載事項とに分けることができる。手形要件は，当該証券が約束手形であるために必ず記載しなければならない絶対的記載事項である。手形要件を欠くとき，原則として，手形としての効力が認められない（手76条参照）。手形は，記載すべき最低限が法定されているという意味で厳格な要式証券である。

　手形要件以外の記載事項には，①有益的記載事項，②無益的記載事項および，③有害的記載事項の3つがある。

　①有益的記載事項とは，手形に記載することにより手形法上の効力の生じることが，手形法によって認められている記載事項である（⇨9.4）。

　以上の手形要件および有益的記載事項以外の事項は，手形に記載しても手形上の効力は認められない。これには，手形に記載しても，その記載の効力が認められない，②無益的記載事項と，単にその記載が無効であるにとどまらず，手形それ自体を無効にする，③有害的記載事項とがある。手形は記載すべき最低限の事項のみならず，記載しうる最大限の事項も法定されているという意味で，厳格な要式証券なのである。

手形要件（手75条）		要件欠缺の場合，原則，手形として無効（手76条）	
手形要件以外	有益的記載事項	記載として有効	
	無益的記載事項	記載として無効	手形は有効
	有害的記載事項		手形は無効

86　■ 第9章　振　出

9.2.2 統一手形用紙

　現在では，基本手形は，全国銀行協会の制定した**統一手形用紙**を用いて作成されるのが通常である。法律上は，基本手形の用紙に制限はないが，実際上，統一手形用紙を用いない手形が流通することはない（⇨2.4.1）。

　基本手形の記載方法についても，法律上，制限はないが，銀行の事務処理の便宜上，その記載方法につき約束手形用法が定められている。約束手形用法に違反したからといって，その手形が無効となるわけではないが，手形用法，小切手用法に違反したために生じた損害につき銀行の免責が定められている（当座勘定規定16条3項。たとえば，手形金額が変造された手形の支払による損害）。

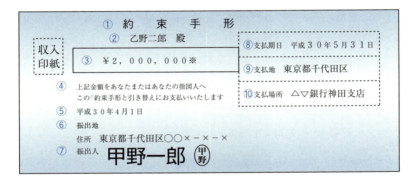

約束手形用紙

9.2　基本手形　87

9.2.3　印紙の貼用

　印紙税法は，約束手形には所定の金額の収入印紙をはり付けして消印し，印紙税を納付すべきことを定める（印税8条・2条）。これに違反した者は，過怠税を徴収されるほか，場合によっては刑事罰に処せられるが（印税22条・25条），約束手形の効力には影響しない。

9.3　手形要件

9.3.1　約束手形文句（手75条1号）

　約束手形には，「約束手形なることを示す文字」を証券の文言中に証券の作成に用いる語をもって記載しなければならない。その証券が約束手形であることを明らかにするために，約束手形文句の記載が手形要件とされる。「証券の文言中」に記載するとは，支払約束文句の中に記載しなければならず，単に表題に約束手形と記載しただけでは足りない。借用証書など署名のなされた他の証書が，その表題に「約束手形」という文字を付加されて，無断で約束手形に転用されることを防止するためである。

9.3.2　支払約束文句（手75条2号後段）

　支払約束文句（一定の金額を支払うべき旨の単純なる約束）は約束手形の中心をなす手形要件である。支払約束は「単純」でなければならない。支払に条件を付すこと，売買の目的物の引渡と引換に支払うといった支払を反対給付にかからしめる記載，その他，支払方法や支払資金を限定する記載は一切許されない。このような記載は支払約束の単純性を害し，手形を無効にする（有害的記載事項）。

　支払約束の単純性は，支払約束の効力を手形外の事実（特に原因関係）にかからしめないことを意味し，手形の無因性の理論的基礎となる。

9.3.3　手形金額（手75条 2 号前段）

　支払約束には一定の金額が記載されなければならない。この金額を**手形金額**という。手形金額は日本円による表示に限らず，外国通貨（「米ドルで 1 万ドル」）で表示してもよい（手41条参照。⇨14.2.1）。

　手形金額は一定していなければならないから，手形金額の選択的記載（「100万円または50万円」）は許されない。金額を重畳的に記載し，その合計額を手形金額とすること（「100万円と50万円の合計額」）は，一見して手形金額を了解できないから許されない。

> **［事例 9-1］**　金額欄に文字で「金壱百円也」と記載され，その右上段に数字で「￥1,000,000-」と記載され，金額100万円の手形の印紙税額である200円の収入印紙がはり付けられた約束手形の所持人 X は，振出人 Y に対していくらの手形金の支払を請求することができるか。

　実務上，変造を防止し，読みやすくする目的で，手形金額が数字（￥1,000,000-）と文字（壱百萬円）で重複的に記載されることがある。この場合に，両者の金額に差異があると，手形金額の一定性が害され，手形が無効となる。手形法 6 条は，これを救済するため，①文字および数字をもって異なる手形金額が重複記載されている場合には，文字で記載された金額が手形金額となること（1 項），②文字または数字をもって異なる手形金額が重複記載されている場合には，最小の金額が手形金額となること（2 項）を定める。文字による記載は数字による記載よりも慎重になされ，かつ変造も困難であることから，文字による記載を数字による記載に優先させ，文字同士または数字同士の場合には，金額を少なく変造することは通常考えられないことから，少ない金額の記載を優先させたものである。

　手形金額の誤記と手形法 6 条　**［事例 9-1］**の事案において，最判昭和61・7・10（民集40巻 5 号925頁：百選38事件）は，手形法 6 条 1 項を適用して手形金額は「100円」であると判示した。手形法 6 条は，異なった手形金額が重複記載された手形の無効を防ぐとともに，「右記載の差異に関する取扱いを法定し，もって手形取引の安全性・迅速性を確保するために設け

られた強行規定であり，その趣旨は，手形上の関係については手形の性質に鑑み文字で記載された金額により形式的に割り切った画一的な処理をさせ，実質関係については手形外の関係として処理させることとした」ものであることを理由とする。そして，「壱百円」という記載が「100万円」の誤記であることが明白である（したがって，手形金額に差異はない）から手形法 6 条は適用されないとして，手形金額を「100万円」と解する（手形客観解釈の原則は，手形の記載を社会通念に従って合理的に解釈することを禁じるものではない⇨4.2.3(2)）ことに対して，手形法 6 条は手形金額が誤記された場合を当然に想定した規定であり，その適用の有無を誤記が明白か否かで区別することは，「判定基準があいまいであるため，手形取引に要請される安全性・迅速性を害し，いたずらに一般取引界を混乱させるおそれがある」と批判する。

　なお，当座勘定規定 6 条は，金額の複記のいかんにかかわらず，金額欄に記載された金額を手形金額として取り扱う旨を定めている。これは，当座取引先である約束手形の振出人と支払担当銀行との間の支払委託の問題であり，手形法とは直接に関係しないが，手形法 6 条および前記昭和61年判決からすれば，このような取扱によって生じた損害につき，銀行は当座取引先に対して当然に免責されることになるかは疑問があろう。

9.3.4　満　期（手75条 3 号）

　満期とは，手形が支払われるべき日として手形に記載された日のことをいう（支払期日ともいう）。手形は信用証券として，満期の記載が要求される。
　満期と「支払をなすべき日」（手38条 1 項・44条 3 項）とを区別する必要がある。支払をなすべき日は，裏書人に対する遡求権を保全するための要件である支払呈示期間および拒絶証書作成期間を定める基準となる。通常は，満期と支払をなすべき日は一致するが，満期が休日（手87条）の場合には，満期に「次ぐ第一の取引日」（手72条 1 項）が支払をなすべき日となる。その意味で，支払をなすべき日とは，実際に手形の支払を請求することができる最初の日である。
　満期は存在しない日であってはならない。ただし，平年の「 2 月29日」

90　■第 9 章　振　出

を満期とする記載は，2月の末日を満期と記載したものとして有効である（⇨4.2.3(2)）。また，満期は手形の呈示・支払などの不可能な日であってはならず，振出日より以前の日を満期とする記載は不合理な記載をしたものとして手形を無効とする（大判昭和9・7・3・法学3巻1466頁，最判平成9・2・27・民集51巻2号686頁：百選20事件）。

満期は手形の記載によって一定の日に確定されているか，確定できるものでなければならない。いつ到来するかが手形の記載から確定できないような満期を記載した手形は無効となる。また，満期は手形金額の全部について単一でなければならず，複数の記載は認められない。分割払の手形は無効とされる（手33条2項）。

(1) 満期の種類　　手形法は，満期の態様を次の4種類に限定する。これ以外の満期を記載した手形は無効となる（手33条）。

① 確定日払（手33条1項4号）　確定日払とは，「○年○月○日」，「△年大晦日」というように特定の日を満期とするものである。わが国で流通する約束手形の満期のほとんどは，確定日払である。月の始，月の央または月の終をもって満期を定めたときは，それぞれ，その月の1日，15日または末日が満期となる（手36条3項）。なお，振出地と支払地の暦が異なる場合，手形の文言または証券の記載から別段の意思を知りうる場合を除いて，満期は支払地の暦によって定まる（手37条）。

② 日付後定期払（手33条1項3号）　日付後定期払とは，「日付後三ヶ月」というように，手形に記載された振出の日付から手形に記載された一定の期間が経過した日を満期とするものである。実質的には確定日払と異ならない。期間の計算に際しては初日を算入しない（手73条）。期間の計算方法につき手形法36条・37条に規定がある（手36条1項・2項・4項・5項・37条3項・4項）。

③ 一覧払（手33条1項1号）　一覧払とは，手形が支払のために呈示された日を満期とするものであり（手34条1項），要求払ともいわれる。D/P荷為替（⇨2.3.2）で使われる。

一覧払の手形にあっては，手形が支払呈示されるまで満期が到来しない。そこで手形法は，満期が無制限に延ばされることがないようにするため，

■ 9.3 手形要件　　91

支払のための呈示は，振出日から1年内にしなければならないと定める（手34条1項第2文）。この呈示期間内に手形を支払呈示することを怠ると，手形の所持人は裏書人に対する遡求権を失う（手53条1項1号）。振出人は，1年の呈示期間を短縮することも伸長することもできる（手34条1項第3文）。振出人による呈示期間の短縮・伸長はすべての手形関係者に対して効力を有する。裏書人は法定の呈示期間または振出人の定めた呈示期間を短縮することができるが，伸長することはできない（手34条1項第4文）。その効力は当該裏書人に限り援用することができる（手53条3項）。また，振出人は一定の期日前の呈示を禁じることができる。この場合，呈示期間はその期日から始まる（手34条2項）。

④ **一覧後定期払（手33条1項2号）**　**一覧後定期払**とは，「一覧後10日」というように，手形が一覧のために呈示された日から手形に記載された期間を経過した日を満期とするものである。D/A荷為替（⇨2.3.2）で使われる。為替手形の場合，一覧のための呈示は引受のための呈示である。約束手形の場合，満期を確定するための単なる一覧のための呈示であり（手形法78条2項が，約束手形の場合の一覧のための呈示につき規定する），その呈示は，支払場所の記載（⇨9.4.2）がある場合でも，振出人の営業所または住所で行わなければならない。

　一覧のための呈示は，振出日から1年内にしなければならず（手23条・78条2項第1文），これを怠ると所持人は遡求権を失う（手53条1項1号）。一覧のための呈示期間の伸長・短縮については，引受のための呈示期間に関する手形法23条が定めるが，結果的には一覧払の手形の場合と異ならない（手23条2項・3項・53条3項）。

　一覧後の期間の計算方法につき，日付後定期払の場合と同様の規定がある（手36条1項・2項・4項・5項・37条2項〜4項・73条）。

❖ **一覧払手形の消滅時効**

　約束手形の振出人は，支払呈示の有無にかかわらず手形債務を負い，その債務は満期から3年の消滅時効にかかるまで消滅しない（手78条1項・70条1項）。ところが，一覧払の場合，支払呈示がないと消滅時効の起算点である満期が到来しないから，約束手形の振出人は，手形が呈示されるまで永遠に手形債務を免れ

ることができない。これは明らかな立法上のミスである。この場合，一覧後定期払の為替手形に関する手形法35条2項を類推して，約束手形の振出人との関係においては，呈示期間の末日に呈示がなされたものとみなして時効の起算点を決めるべきであると解される。一覧後定期払の約約束手形についても同様である。

(2) **満期記載のない手形**　満期の記載のない約束手形は一覧払のものとみなされる（手76条2項）。満期の記載を欠くため要件欠缺により手形が無効となることを救済するための規定である。ところで，満期の記載のない手形には，この他，後で補充することを予定して満期をことさらに記載せずに振り出す満期白地手形のあることが一般に認められている。満期白地手形の場合，後に合意に従った満期が補充されれば，それが満期となり，本条は適用されない（大判大正15・11・18新聞2650号12頁）。すると，満期の記載のない手形は，どのようなときに満期白地手形となり，どのようなときには一覧払の手形として扱われるのか，その区別が問題となる。

これは当事者の意思解釈の問題であるが，その解釈に際して手形外の事情を考慮することは許されない（**手形客観解釈の原則**）から，手形の記載に基づいて区別しなければならない。そこで，統一手形用紙に印刷された満期欄を抹消することなく，空白のまま振り出された場合には満期白地手形と扱うべきであると解する説（大判大正14・12・23民集4巻761頁），あるいは満期白地手形と一覧払手形のいずれであるかを手形所持人が選択することができると解する説（⇨7.1.1(2)）などが主張されている。

9.3.5　支払地（手75条4号）

支払地とは，満期において手形の支払がなされるべき地域をいう。支払地は，支払のなされるべき地点である支払の場所を含む，それより広い地域である（手27条2項参）。支払の場所は，第三者方払の記載（⇨9.4.2.）がない限り，支払地内にある振出人の営業所または住所である（民520条の8）。手形法は，このような支払の場所を探知するための手がかりを与えるために，支払地の記載を手形要件とした。

支払地は，独立の最小行政区画（市町村および東京都の区）でなければならない。ただし，必ずしも市町村または区の名前を記載する必要はなく，

■ 9.3　手形要件　　93

それを推知できる記載があればよい（たとえば，支払地が「東京都」，支払場所が「○○銀行池袋支店」と記載された約束手形の支払地は，池袋支店のある「東京都豊島区」と解すべきである。最判昭和35・10・21ジュリスト217号214頁）。

支払地は単一かつ確定することを要するから，支払地を複数記載することは許されない。支払地は実在の地でなければならない。支払地が実在しない場合には，権利行使が不可能となるから手形は無効となる。

支払地の記載がない場合，特別の表示（たとえば，支払場所の記載）がない限り振出地が支払地となる（手76条3項）。振出地の記載もない場合には，振出人の肩書地が振出地となり（手76条4項），支払地となる。なお，統一約束手形用紙には，当該用紙を当座勘定取引先に交付した銀行の支店が支払場所として印刷され，支払地としてその支店の所在地が印刷されている。

9.3.6 振 出 日（手75条6号）

振出の日付（振出日）とは，手形が振り出された日として手形に記載される日付である。振出日は，日付後定期払手形の満期を定めるために必要であり，また，一覧払手形および一覧後定期払手形では呈示期間を定めるために必要である。これに対して，確定日払手形にあっては，振出日の記載に特別な意義は認められないが，手形法はすべての手形に一律に振出日の記載を要求している。

振出日は一定していなければならず，複数の記載は許されない。また，暦にない振出日の記載は手形を無効とする。しかし，振出日が，実際に手形が振り出された日と一致する必要はない。実際に振り出された日よりも将来の日を振出日とする先日付の手形，あるいは過去の日を振出日とする後日付の手形も有効である。

振出人の能力や代理権の有無などを決定する場合，真実に振り出された日が基準となる。手形に記載された振出日は，その日に手形が振り出されたことを一応推定させる資料となるにすぎない。

振出日の記載を欠く確定日払手形　わが国で流通する手形のほとんどは確定日払手形であるが，振出日が手形上の権利の内容に関係しないことから，時として，振出日が記載されないまま支払呈示されることがある。このよ

94 ■第9章 振 出

うな支払呈示の効力（遡求権保全効および債務者付遅滞効）をめぐって，確定日払手形の振出日を手形要件と解すべきかどうかが争われる。

判例・通説は，振出日の記載のない確定日払手形は要件欠缺により無効な手形であり，それを満期に支払呈示しても適法な手形の呈示ではなく，裏書人に対する遡求権を保全する効力は認められないと解する（最判昭和41・10・13民集20巻8号1632頁：百選39事件）。手形法は，「約束手形において振出日の記載を必要とするものとし，手形要件の記載を欠くものを約束手形としての効力を有しないものと定めるに当たり，確定日払の手形であるかどうかによって異なる取扱をしていないのであって，画一的取扱により取引の安全を保持すべき手形の制度としては，特段の理由のない限り法の明文がないのに例外的取扱を許すような解釈をすべきではない」ことを理由とする。

なお，当座勘定規定17条は，「確定日払いの手形で振出日の記載のないものが呈示されたときは，その都度連絡することなく支払うことができる」とし，この「取扱によって生じた損害については，銀行は責任を負わない」旨が定められている。これは支払担当銀行と当座勘定取引先との支払委託の問題であり（振出日の記載を欠き無効な手形であっても有効な支払委託があるものとして処理する旨の合意），手形の有効・無効とは関係しない。

9.3.7　振 出 地（手75条6号）

振出地とは，手形が振り出された地として手形に記載される地域である。振出地は独立の最小行政区画を記載しなければならない（学説は反対）。振出地は，支払地・振出人の住所地の記載を欠くとき，特別の表示がない限り，支払地・振出人の住所地とみなされる（手76条3項）。なお，振出地の記載を欠く場合，振出人の名称に付記された地（肩書地）が振出地とみなされて（手76条4項），手形が無効となることが救済される。

9.3.8　手形当事者＝振出人の署名（手75条7号）と受取人の記載（手75条5号）

基本手形には，約束手形振出の当事者として，振出人の署名（手75条7号）と受取人（支払を受けまたはこれを受けるものを指図する者）の記載（手75

条5号）が必要である。小切手と異なり，約束手形には受取人を記載しない無記名式のものは認められない。

受取人の記載は手形要件であるから，受取人の記載を欠く手形は無効である。なお，当座勘定規定17条は，確定日払手形で振出日の記載のないものと同じく，受取人の記載のない手形が呈示された場合，支払担当銀行はその都度連絡することなく支払うことができ，この取扱によって生じた損害について銀行は責任を負わない旨が定められている。

手形当事者の記載は，方式の問題（手形要件を満たしているか否かの問題）としては，人（自然人または法人）の名称と認められるものが記載されていればよく，実在しない者（仮設人）であってもよい。振出人と受取人とは別人であるのが通常であるが，同一人が資格を兼ねてもよい。

約束手形の振出人の重畳的記載（甲および乙）は，共同振出として有効であり，各振出人はそれぞれ合同責任を負う。法人格を有しない組合が振出人となるとき，組合員全員が振出人となる共同振出となる（最判昭和36・7・31民集15巻7号1982頁：百選3事件）。これに対して，振出人の選択的記載（甲または乙）が許されるかについては学説上見解が分かれる。重畳的記載の場合，すべての振出人が支払を拒絶してはじめて遡求することができる。選択的記載を認める場合には，振出人の一人でも支払を拒絶すれば遡求できる。

受取人の複数記載については，重畳的記載も選択的記載もともに許される。受取人の重畳的記載の場合には，その数人が共同的に権利を取得する。したがって，裏書もその数人が共同して行う必要がある。選択的記載の場合には，その数人のうち手形の交付を受けた者が権利を取得する。

9.3.9　手形要件の欠缺と救済規定（手76条）

手形要件を欠く証券は手形としての効力が認められない（手76条1項）。ただし，手形法は，一定の手形要件については，その欠缺により手形が無効とならないように救済規定を設けている。

①満期の記載のない手形は一覧払のものとみなされる（手76条2項）。②支払地の記載がない場合には，原則として，振出地の記載が支払地とみな

96　■第9章　振　出

される（手76条3項）。③振出地の記載がない場合に，振出人の肩書地の記載があれば，それが振出地とみなされる（手76条4項）。

9.4 有益的記載事項

手形要件ではないが，手形に記載することによって，その記載に手形法上の効力が認められる有益的記載事項につき，手形法は詳細な規定を置く。

有益的記載事項として，手形法が認めるものには，①振出人の住所地（手76条3項）および振出人の肩書地（手76条4項），②第三者方払文句（手4条），③一覧払手形または一覧後定期払手形の利息文句（手5条），④裏書禁止文句（手11条2項），⑤一覧後定期払手形における一覧のための呈示期間の変更（手78条2項・23条），⑥一覧払手形における支払呈示期間の変更または支払呈示の一時禁止（手34条），⑦準拠歴の指定（手37条4項），⑧手形金額が外国通貨で表示されている場合の，換算率の記載および外国通貨現実支払文句（手41条2項・3項），⑨無費用償還文句（手46条），⑩戻手形の振出禁止（手52条1項）などがある。

以下では，有益的記載事項のうち，利息文句と第三者方払文句につき説明し，他のものについてはそれぞれの箇所で説明する。

9.4.1 利息文句

一覧払手形および一覧後定期払手形に限って，満期まで一定利率を付する旨の利息文句の記載が許される（手77条2項・5条）。これに対して，確定日払手形および日付後定期払手形については利息文句を記載してもその記載はないものとみなされる（手5条1項。無益的記載事項）。これらは，いずれも振出時に満期が確定しているから，あらかじめ満期までの利息を計算して手形金額に含ませることが可能であり，特に利息文句を認める必要がないからである。なお，利息文句には利率を表示しなければならず，その記載を欠くときは利息文句の記載はなかったものとみなされる（手5条2項）。

■ 9.4 有益的記載事項 97

9.4.2 第三者方払文句

約束手形は，本来，振出人が，その営業所または住所において支払うべきものであるが（同所払手形。民520条の8参照），特に「第三者の住所において支払うべきものとする」旨の記載（第三者方払文句）をすることもできる（手4条）。「第三者の住所」とは，「第三者方」（手27条1項）あるいは「支払の場所」（同条2項）と同義である。第三者方払の記載には，①「支払の場所」を指定するもの（振出人が支払場所で手形を支払う）と，②「支払担当者」を指定するもの（支払担当者が振出人のために支払場所で手形の支払をなす）があると説明されるが，通常，支払担当者の記載と解されよう。統一約束手形用紙には，支払場所として振出人の取引銀行の支店（「支払場所　〇〇銀行××支店」）が印刷されている。

支払場所は支払地内にあることを要し，支払地外の場所を支払場所と指定する記載は無効である。支払場所の記載がある場合，満期における支払の呈示は，その支払場所でその支払担当者に対して行わなければならない（実際には，手形交換所を通じて支払呈示される）。

9.5 無益的記載事項

手形法の定める有益的記載事項以外に，手形に記載することにより手形法上の効力が認められる有益的記載事項が認められるかどうかが学説で争われる。

判例・通説は，流通を予定する手形の本質から，手形の内容は一見して明瞭でなければならないとして，手形法に規定のない事項について，手形法上の効力を認めることはできず，手形外の当事者間の合意としてのみ，その効力を認めることができると解する（損害賠償額予定文句につき，大判大正13・5・21民集3巻293頁，最判昭和39・4・7民集18巻4号520頁。合意管轄文句につき，大判昭和5・12・6新聞3210号7頁）。

無益的記載事項の例としては，①指図文句（手11条1項）や引換文句（手39条1項）などのように，それを記載しなくても手形法の規定によって当

然に認められる事項，および，②一覧払手形・一覧後定期払手形以外の手形における利息文句（手5条1項第2文）や利率の記載のない利息文句（手5条2項）などのように，手形法の規定により，記載をしても記載がないものとみなされる事項のほか，③手形要件以外の記載事項のうち，有益的記載事項でも有害的記載事項でもないものはすべて無益的記載事項である。

9.6 有害的記載事項

　手形それ自体を無効にする有害的記載事項としては，①手形法が特にその旨を規定している事項（手33条2項：法定された満期以外の満期記載または分割払の記載）のほか，②手形の効力を原因関係にかからしめ，あるいは，手形の支払を条件もしくは反対給付にかからしめるような，手形の本質に反する記載がある。

第10章

白地手形・手形の変造

10.1 白地手形の意義

　白地手形とは，署名者が後日，所持人をして補充させる意思をもって手形要件の全部または一部をことさらに記載しないで流通においた証券をいう（大判大正10・10・1民録27輯1686号）。

　手形要件を欠く手形は，手形としての効力を有しない（手76条1項）。ところが，取引の実際においては，手形要件の全部または一部を記載せずに署名した要件白地の手形が流通に置かれることがある。取引の必要は，これらの欠けている要件が後に補充されれば，それによって手形として完成し，手形として効力の生じることを認める商慣習法を成立せしめた。

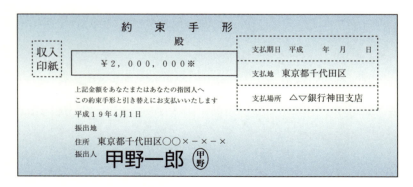

白地手形の例（満期・受取人白地）

手形法は，白地手形が商慣習法上承認されていることを前提として第10条を設け，未完成にて振り出された手形が補充され，手形として完成した場合について規定する。しかし，補充される前の白地手形に有価証券としてどのような効力が認められるかは，手形法の規定するところではなく，商慣習法に委ねられている。

❖ 実際の白地手形の利用 ━━━━━━━━━━━━━━━━━━━━━━━━
　手形金額が決まっていない場合に金額を白地にした手形を振り出すことは，不当補充の危険を考えれば，あまりないであろう。満期白地手形は，通常，期限を定めないで支払を猶予する場合に利用され，満期白地のまま第三者に裏書譲渡されることはない。実務上，白地手形のまま流通に置かれるのは，受取人白地や，確定日払手形の振出日を白地とした手形である。振出日白地の手形は，振出日から満期までの手形サイトが長いと手形の信用性が疑われるため，これを隠すために利用される。受取人白地の手形は，後述［事例10-1］のように，いわゆる金融ブローカーを通じて手形貸付による資金提供者を探す場合に利用される。
━━━━━━━━━━━━━━━━━━━━━━━━━━━━━━━━━━━━

10.1.1　白地手形の要件

（1）**署名の存在**　白地が補充されて手形として完成したときに，手形上の責任を負うべき者の署名が少なくとも1つ以上なければならない。普通，約束手形の振出人となるべき者の署名であるが，その他の手形行為者となるべき者の署名でもよい。たとえば，手形の信用力を付けるため，振出署名がなされる前に手形要件を白地とした手形用紙に裏書人として署名する場合（いわゆる隠れた保証の趣旨でする裏書）でもよい。

　白地手形に署名した者は，白地が補充されて完成手形となったときに，補充されたところを意思表示の内容とする手形行為を行ったことになり，署名した資格に基づいて手形上の責任を負う。

（2）**要件の欠缺**　白地手形は，手形要件の一部または全部を欠く手形であるが，その欠けている要件の種類は問わない。

　なお，手形要件以外の有益的記載事項を他人に記載させる趣旨で，白地にする場合もある（たとえば，利息文句の記載がある場合に利率を補充させる趣旨で白地にする場合）。この手形は，手形要件の完備した有効な手形であり，

■ 10.1　白地手形の意義　**101**

白地手形ではないが，署名者の意思に反した補充がなされた場合の問題を処理するため，白地手形に関する手形法10条が類推適用される。これを**準白地手形**という。

（3）**補充権**　白地手形が，要件欠缺により無効な手形と区別されるのは，補充権の存在である。白地手形が手形要件を欠く無効な手形であるにもかかわらず，その後に要件が補充されれば手形として有効になり手形債権が発生するのは，署名者が，補充されたところに従って手形上の責任を負う意思で手形要件を欠く証券に署名したからである。この署名者の意思に基づいて，白地の補充により署名者に対する手形債権が発生する。それ故，白地手形であるためには，署名者による補充権の授与が必要である。

10.1.2　白地手形上の権利

白地手形には，白地が補充されれば完全な手形上の権利者となりうる法律上の地位と補充権とが表章されていると説明される。取引の実際において，白地手形は完成手形と同様の価値が認められ，白地手形のまま流通しているが，それは，白地手形の所持人は，いつでも白地を補充して手形として完成させて，署名者に対する手形債権を発生させることができるからである。つまり，白地手形の本体をなすのは，補充により手形上の権利者となりうる法律上の地位であるが，白地手形が手形要件白地のまま取引されるのは，白地手形の取得者が，このような法律上の地位とともに，補充権をも取得するからである。

10.2　補　充　権

10.2.1　補充権の意義と性質

白地手形の白地を補充して，白地手形を完成した手形とすることができる権利（ないし権限）を**白地補充権**（**補充権**）という。補充権は，権利者（所持人）の補充という一方的行為によって手形上の権利義務関係を発生

させる権利であり，形成権の一種であると解されている（大判明治40・5・31民録13輯608頁参照）。

[事例10-1] YはAに資金融通者の紹介を依頼し，資金融通者が決まったときに白地部分をY自らが補充する旨を告げて，金額・受取人・満期・振出日を白地とした手形に振出署名をしてAに交付した。Aに依頼した金融は実現しなかったが，右手形はA→B→Xと裏書譲渡され，その間に白地部分が何者かによって補充されていた。XはYに対して手形金の支払を請求することができるか。

　補充権がどのようにして成立するかについては，学説上，争いがある。多数説によれば，補充権は，白地手形の署名者が補充権を授与する意思で（すなわち，後日，所持人をして欠けている手形要件を補充させる意思で）手形要件を白地にした証券（白地手形）に署名して，これを相手方に交付することによって発生する（主観説）。この署名者の意思を根拠に，後に手形要件が補充されて手形として完成したときに署名者の手形行為が成立し，署名者は手形債務を負担することになる。主観説では，白地手形署名者とその相手方との間における補充権を授与する旨の手形外の合意によって白地補充権は発生し（大判大正11・6・15民集1巻325頁），この手形外の合意によって補充権の内容が決まることになる。

　主観説によれば，白地手形署名者の責任が補充権授与の合意という手形外の事実によって決まることになり，手形取引の安全を害するという問題がある。まず，手形所持人が補充権授与の事実を立証することは極めて困難である。主観説は，補充権授与の合意は黙示のものでもよく，しかも，受取人欄や確定日払手形の振出日欄など，手形債務の内容に直接関係しない事項については，特別の事情のない限り補充権が授与されたものと認めるべきである（最判昭和35・11・1判時243号29頁）と解して，この不都合に対処しようとする。

　しかし，このような合理的意思解釈によっても補充権授与の事実を認定できない場合，補充により署名者の手形行為は成立しないから，署名者は手形行為に基づく責任を負わないことになる。この場合，主観説では，白

地補充後の手形を有効に振り出された手形と信頼して取得した者の保護は，次に述べる権利外観理論によって図られることになる。

❖ **客観説・折衷説**

主観説には上記の問題があることから，署名者が補充権授与の具体的意思を有していたか否かを問わず，署名者が，証券の外観上客観的に補充が予定されていると認められるような証券に署名して交付すれば，補充権が発生すると解する客観説が主張される。さらには，折衷説として，署名者が，証券の外形上補充が予定されていると認められる証券に署名した場合には，当然に補充権を与えたものと認められるが，証券がそのような外形を有しない場合には，署名者が具体的に補充権を授与する意思を有していることが必要である，と解する説もある。

客観説（折衷説も同じ）は，補充権を，当事者間の補充権に関する合意から切り離された，それとは別個の，未完成な手形を完成させることができるという形式的・抽象的な権利・権限と解し，白地が補充されれば，補充された内容を問わずに手形として完成し，ただ補充の結果成立する手形債務が署名者の意思に合致しなければ，手形法10条の不当補充が問題となるにすぎないと解する。

[事例10-1]では，署名者Ｙが補充権を自己に留保しており，主観説によれば，補充権は授与されていなかった事案である。最判昭和31・7・20（民集10巻8号1022頁：百選40事件）は，このような事案において，「補充権を与えたものでない点において，通常の白地手形の振出とは異なるけれども，振出人は，他日約旨に従って手形要件の補充された場合にその文言に従って振出人として手形上の責任を負担する意思をもって本件手形に記名捺印した」のであるから，たとえ，約旨と異なる補充がされたとしても，振出人は，悪意・重過失なく手形を取得した所持人に対して補充された文言に従って手形上の責任を負うことは，「手形法10条の法意に照らし明らかである」と判示した。

手形にあっては，手形になされた署名から署名者の有効な手形行為があったと信頼して手形を取得した者を保護する必要があるところ，この場合，署名者は手形行為を行う意思で手形となるべき証券に署名したのだから（帰責性），その意思に反して補充がなされ，署名者が手形に記載された内容の手形行為を行ったかのごとき外観が作出された場合，外観に従って手形上の責任を負わされてもやむを得ない（権利外観理論⇨5.2(2)）。

104 ■ 第10章　白地手形・手形の変造

［事例10-1］のYは，補充権を自己に留保していたから白地手形でないことを理由に，手形上の責任を免れることはできない。その意思に反した補充がなされたことは，補充権授与の合意に違反して不当補充がなされた場合に準ずるものとして，手形法10条を類推適用し，署名者Yは所持人Xの悪意または重過失を立証するのでなければ，手形上の責任を免れることはできない。

10.2.2　補充をなすべき時期

（1）**補充権の行使時期に関する合意**　補充権授与の合意において，補充をなすべき時期に制限が加えられている場合，その期間内に補充しなければならず，その違反は手形法10条の不当補充となると解される。

（2）**白地補充権の時効**　判例・多数説は，補充をなすべき時期は当事者間の合意によって制限されるのみならず，補充権の時効によっても制限されると考える。補充されれば完全に有効な手形となる白地手形が，何時までも手形要件白地のまま流通することは望ましくなく，白地手形として流通しうる時期を制限すべきであると考えるのである。

判例・多数説は，白地補充権の時効を，①満期の記載のある白地手形と，②満期の記載のない白地手形とに分けて考える。

①　**満期記載のある白地手形**　満期の記載のある白地手形の場合，白地手形に記載された満期を基準に，白地を補充して手形を完成させ，手形上の権利を行使しうる期間が制限される。

㋐　主たる債務者（約束手形の振出人，為替手形の引受人）に対する関係では，白地手形に記載された満期から3年以内に，白地を補充し，かつ，その期間内に手形上の権利を行使しなければならない。白地手形に記載された満期から3年を経過した後に白地を補充しても，それにより発生する手形債権はすでに時効によって消滅しているからである。満期から3年内に補充しても，その期間内に権利行使しなければ，手形債権は時効により消滅する。

㋑　手形の裏書人，為替手形の振出人などの遡求義務者に対する関係では，記載された満期を基準とする呈示期間内に，白地を補充して，手形を

■ 10.2　補充権　　**105**

支払のため呈示しなければならない。遡求義務者の手形金支払義務は，適法な支払呈示があったことを条件とするところ，白地手形は手形ではないから，白地を補充することなく支払呈示しても，手形の適法な支払呈示にはならない。

　以上のように，満期記載のある白地手形にあっては，補充権の行使時期は，白地手形に記載された満期を基準にした手形上の権利の行使時期によって制限されるのであり，補充権それ自体が消滅時効にかかることはない（最判昭和45・11・11民集24巻12号1876頁）。また，満期およびその他の手形要件が白地として振り出されたが，その後満期が補充されたときは，満期の記載された白地手形となり，その他の手形要件の白地補充権は手形上の権利と別個独立に時効によって消滅することはない（最判平成5・7・20民集47巻7号4652頁：百選42事件）。

　②　満期白地の手形　　満期白地の手形の場合には，記載された満期を基準にして補充すべき時期を制限することはできない。そこで，判例・多数説は，満期白地の手形の場合には，補充権それ自体が消滅時効にかかると解し，補充権が時効によって消滅するまでに白地を補充して，手形として完成させなければならないと解する。

❖ 補充権の時効を認めない少数説

　満期白地の手形に限って補充権の消滅時効を認めることの理由が明らかでないこと，補充権の消滅時効を認めると，補充により発生すべき手形債権が時効消滅していないのに，補充権が時効消滅して補充できなくなるというおかしな結論になること，さらには，補充権の消滅時効を認めても，補充する時期が限定されるだけで，補充された手形に基づく権利行使の時期を制限することはできないことなどを理由に，補充権の時効を認めることに反対する説もある。反対説にも様々な見解があるが，満期記載のある白地手形と同様に，補充して手形上の権利を行使する時期の制限を考えるべきであるとして，満期白地手形は，補充して手形権利を行使できる時から，手形の時効である3年内に補充して権利行使しなければならないと解する説が有力である。

　補充権の消滅時効期間につき判例は，補充権はこれを行使し得べき時から，5年の消滅時効にかかると解する（最判昭和36・11・24民集15巻10号2536

頁：百選44事件，最判昭和44・2・20民集23巻2号427頁：百選41事件）。

なお，補充権が時効消滅した後に満期が補充されて，完成手形として裏書譲渡された場合に，そのことを知らずに手形を取得した者は手形法10条によって保護されるか否かは，必ずしも明らかでない（札幌高判昭和44・8・13下民集20巻7=8号580頁，大阪地判平成元・11・30判時1363号146頁は，手形法10条の人的抗弁と解する）。

❖「補充権を行使し得べき時」━━━━━━━━━━━━━━━━━━━━
「補充権を行使し得べき時」とは，通常，満期白地手形の振り出された日である（前掲最判平成5・7・20）。手形振出の原因関係となった貸金債務の弁済期が手形の振出日から数年先に定められていても，補充自体は手形の振出後直ちに行うことができるから，振出の時から時効が進行する（札幌高判昭和44・8・13下民集20巻7=8号580頁）。他方で，貸金債務の弁済確保のため満期白地手形が振り出されたが，毎月利息の支払を受けて支払が猶予されていた場合には，時効の起算点は早くとも支払が遅滞した時であると解する下級審判決がある（大阪高判平成10・3・13金判1064号35頁，東京高判平成14・7・4判時1796号156頁）。
━━━━━━━━━━━━━━━━━━━━━━━━━━━━━━━━━━━

10.2.3　白地の不当補充

白地手形の所持人が，あらかじめなされた合意（補充権授与の合意）に従った補充をすると，補充されたところを内容とする署名者の手形行為が成立し，署名者は補充された文言に従って手形上の責任を負う。

これに対して，合意と異なる補充がされた場合，完成された手形行為の内容は署名者の手形債務負担の意思とは合致しない。しかし，手形として完成されてしまえば，署名者が記載通りの手形行為を行ったかのごとき外観が存在する。このような外観を信頼して手形を取得した者を保護するため，手形法10条は，白地手形の署名者は，補充に関する合意と異なる補充がされた場合，不当補充の事実につき所持人の悪意または重過失を立証しなければ，補充された文言に従って手形上の責任を負わなければならないことを規定する。

不当補充について手形所持人に悪意または重過失がある場合，署名者は補充された文言に従った責任は負わないが，あらかじめなされた補充に関

■ 10.2　補充権　　107

する合意に従った手形上の責任を負う。合意の範囲内では，白地手形署名者は手形債務負担の意思を有しており，その限りにおいては署名者に手形行為に基づく責任を認めることができるからである。なお，受取人欄や確定日払手形の振出日欄については，補充すべき内容につき限定されないのが通常であるが，仮に補充すべき内容に限定があり，それに反した補充がされた場合でも，それによって署名者の負う手形債務の内容が異なるわけではないから，不当補充となるか否かを問題にする実益はない。

未補充の白地手形の取得者と手形法10条　手形法10条は，本来，補充後の完成手形を取得した者を保護する規定であるが，さらに，一定の補充権があると信じて未補充のまま白地手形を取得して自ら白地を補充した者も，同条の（類推）適用によって保護される（前掲最判昭和36・11・24，最判昭和41・11・10民集20巻9号1756頁）。これは，手形債務の内容に直接関係しない受取人欄や確定日払手形の振出日欄が白地の手形は，所持人が任意の補充をなしうるものとして白地手形のまま，完成手形と同視されて流通していることから，これらが白地とされた手形を補充権の有無・内容につき留意せずに白地手形と信じて取得した者を手形法10条の類推適用により保護しようとするものである。

　これに対して，金額や満期のような手形債務の内容に関係する手形要件が白地のまま白地手形として流通に置かれることは極めて異例であるし，その場合でも補充すべき内容につき限定があるはずだから，これらが白地の手形を補充権の有無・内容につき調査することなく取得した者は重過失ありとして，その保護が否定されることになろう（広島高判昭和47・5・1下民集23巻5=8号209頁，東京高判平成14・7・4判時1796号156頁）。

10.3　白地手形の流通と権利の行使

10.3.1　白地手形の流通

　白地手形は，手形ではないが，商慣習法によって，手形と同様に裏書により譲渡することが認められる。受取人欄白地の手形は手形の交付により

譲渡することができる（最判昭和33・12・11民集12巻16号3313頁）。白地手形
の裏書による譲渡の効果も，手形と同様に，善意取得および抗弁の切断が
慣習法上認められている。裏書の連続による資格授与的効力も認められる
（⇨第11章）。

10.3.2 白地手形による権利の行使

　白地手形は，流通の面では，商慣習法によって手形と同様に扱われる。
しかし，白地手形は手形としては無効であるから，白地手形のままで手形
上の権利を行使することはできない。それ故，白地手形のままで支払呈示
しても適法な支払呈示とはいえず，支払呈示に認められる効力（債務者を
遅滞に付す効力および裏書人等に対する遡求権を保全する効力）は認められない。
その後に白地を補充しても，未補充のままで行った支払呈示が遡って有効
となることはない（最判昭和33・3・7民集12巻3号511頁）。以上のことは，
受取人欄，確定日払手形の振出日欄が白地とされた手形であっても同様で
ある（⇨9.3.6，9.3.8）。

　白地手形のままで手形金請求訴訟を提起しても敗訴となるが（最判昭和
41・6・16民集20巻5号1046頁），振出人に対する関係では，口頭弁論終結の
時までに白地を補充すれば勝訴判決を受けることができる。これに対して，
白地手形の所持人が白地を補充しなかったため請求が棄却され，判決が確
定した後，当該白地手形の白地を補充して再度同じ被告に対して手形金請
求の訴えを提起することは，特段の事情のない限り，前訴判決の既判力に
より許されない（最判昭和57・3・30民集36巻3号501頁：百選45事件）。

　白地手形による訴えの提起と時効の完成猶予　　白地手形による訴えの提起に
（補充により成立する）手形債権について時効の完成猶予の効力（民147条）
が認められるから，口頭弁論終結前に白地を補充すれば，補充が満期から
3年経過後であっても，所持人の手形金請求は認容される（最大判昭和41
・11・2民集20巻9号1674頁：百選44事件，最判昭和45・11・11民集24巻12号1876
頁）。

　❖ 白地手形の銀行実務上の扱い ══════════════════════════════
　銀行実務では，受取人欄白地の手形および確定日払手形で振出日白地のもの

■ 10.3　白地手形の流通と権利の行使　**109**

は完成手形と同様に扱われている（当座勘定規定17条）。また，手形交換所規則は，白地手形が支払呈示された場合，振出人は手形要件の欠缺を理由に支払を拒絶することができ，しかも，その支払拒絶は不渡処分の対象とならないことを定めるが，受取人白地および確定日払手形で振出日白地については，手形要件の欠缺を理由に支払拒絶することはできない（支払拒絶すれば不渡処分の対象となる）ことが定められている。

10.4　変　造

10.4.1　変造の意義

手形の変造とは，手形の記載を権限なく変更することをいう。変造がどのような方法で行われたかは問題とならない。

手形行為は手形に記載されたところを意思表示の内容とする法律行為であり，手形債務の内容は手形に記載されたところによって決まる（手形行為の文言性）。それでは，手形の記載が権限なく変更された場合，そのことによって署名者の負う手形債務の内容はどのような影響を受けるか，これが変造の問題として論じられる所である。

❖ 権限に基づく記載の変更

手形の記載が権限ある者によってなされた場合は変造ではない。たとえば，①手形法27条・50条２項などのように，手形の記載の変更・抹消が法律の規定によって認められている場合には，その変更・抹消は有効な手形の記載の変更としてすべての手形債務者を拘束する。②また，手形関係者全員の同意を得て手形の記載が変更される場合も，有効な手形の記載の変更であり，変造ではない。

10.4.2　変造の効果＝手形法69条

手形法69条によれば，変造後の署名者は変造された文言に従って責任を負い，変造前の署名者は原文言（変造前の文言）に従って責任を負う。

署名者は，署名・交付時の手形の記載を意思表示の内容とする手形行為を行ったことに基づき手形上の責任を負うのであるから，変造後の署名者

が変造後の文言に従って責任を負うことは，手形行為の文言性から当然のことである。変造前の署名者の責任が署名時の原文言に従って決まることもまた，手形行為の文言性から当然のことであるが，その文言が変造によって手形書面上存在しないため，変造前の署名者が，変造後も手形上の責任を負うかについて疑義が生じた。

手形法69条は，変造前の署名者は原文言に従って責任を負うと規定することによって，手形が変造されても一旦有効に成立した手形債務の内容はそのことによって影響を受けないことを明らかにした。たとえば，満期が変造された場合，変造前に署名した裏書人に対する遡求権を保全するためには，変造前の満期を基準とする支払呈示期間内に支払呈示しなければならない（⇨15.3）。変造前の署名者が原文言に従って責任を負うことは手形所持人の善意・悪意を問わず主張できる物的抗弁（⇨12.2）である。

	手形上の責任
変造前の署名者	原文言（変造前の文言）
変造後の署名者	変造後の文言

10.4.3 変造と立証責任

[事例10-2] Yの振出署名があり，Aを受取人とする手形金額150万円の約束手形を，XがAから裏書によって取得した。XがYに手形の支払を請求したところ，Yは，振出人として署名した事実は認めるが，金額150万円の手形を振り出した事実はなく，手形金額は何者かによって変造されたものであると主張して，その支払を拒んでいる。XはYに対して手形金150万円の支払を請求することができるか。

手形の変造が訴訟法上どのような扱いを受けるかにつき，学説の争いがある。

手形金請求訴訟においては，被告の行った手形行為の内容は請求原因として，手形金を請求する原告（手形所持人）の側で主張・立証しなければならない。このことは手形が変造された場合も同じである。それ故，変造

■ 10.4 変 造 **111**

前の手形署名者を被告として手形金請求をする原告は，被告が署名した時の手形行為の内容，すなわち変造前の原文言を主張・立証しなければならない（最判昭和42・3・14民集21巻2号349頁：百選21事件）。

[事例10-2] では，所持人Ｘは，被告Ｙが金額150万円の約束手形を振り出したと主張して手形金請求を行う。これに対して被告Ｙは，手形金額は変造されたものであり，自分はそのような内容の手形行為を行っていないと主張する。これは訴訟法上の否認であり，原告Ｘが被告の手形行為の内容につき立証責任を負うことに変わりはない。

もっとも，Ｙが手形に署名した事実の証明により（Ｙはこの事実を争わない），Ｙが手形に記載された内容の手形行為をしたことが推定されるから（民訴228条4項），Ｙの側で，現在の文言（金額150万円）がＹの意思に基づくものでないこと（すなわち変造の事実）の反証をあげる必要が生じる。Ｙの反証が成功して，Ｙが現在の文言を内容とする手形行為を行ったことにつき裁判官の確証を得られない場合，Ｘは請求を変更してＹが署名した時の手形の文言（変造前の文言）を主張・立証しなければならない。これができないことの不利益（すなわち，Ｙの行った手形行為の内容が立証できないことの不利益）は原告Ｘの側にある。このように解するのが昭和42年最高裁判決である。

しかし，変造前の文言はもはや手形に記載されていないから，変造の事実を知らずに手形を取得した所持人が原文言を立証することは，原文言に基づき手形に署名した者に比べて困難である。特に，前述の最高裁判決によれば，被告が手形行為を行ったことは立証されたが，それが現在の文言を内容とするものか否かが不明の場合，所持人の手形金請求そのものが認められないという不当な結論になるとの批判がある。そこで学説には，変造の事実の立証責任，さらには変造前の文言の立証責任は，その立証が容易な被告の側にあると解すべきであり，したがって，変造の主張は否認ではなく訴訟法上の抗弁にあたると解すべきである，と主張する説もある。

もっとも，判例の見解によっても，手形の外形上，変造を疑わせるような異状が認められない場合には，裁判官は現在の文言を内容とする手形行為が行われたとの心証を形成してしまうであろう。それ故，被告は反証で

112 ■第10章　白地手形・手形の変造

足りるといっても，変造の事実について相当の立証活動を行う必要があり，その立証活動を通じて変造前の文言が明らかにされるであろうから，判例の見解によっても，さほどの不都合は生じないように思われる。

❖ 署名者に原因のある変造

変造はいわゆる物的抗弁であり，変造前の署名者は善意の手形取得者に対しても，変造前の文言（原文言）に従って責任を負うことを主張できる。しかし，学説および下級審判決には，鉛筆で手形要件を記載するなど，署名者が変造されやすい不用意な記載をした場合には，変造前の署名者といえども変造後の文言に従って責任を負わなければならない，と解するものがある。

鉛筆書きの記載は未だ確定的な記載ではないとして，その記載の変更は，変造ではなく，白地補充権の濫用とみるべきであるとの見解がある（福岡高判昭和55・12・23判時1014号130頁：百選22事件）。鉛筆書きの記載は，後でチェックライターなどで確定的な記載がなされることを想定して，覚え書きとして記載するにすぎず，手形要件の記載とは認められない（手形要件の記載は，それを自己の意思表示とする確定的な記載でなければならない）と解する。しかし，鉛筆書きの記載を手形要件の記載とは認めないということになると，鉛筆書きのまま手形を呈示しても，支払呈示としての効力を認めることができないという問題がある。

さらに，鉛筆書きの場合に限らず，より一般的に，変造されやすい不用意な方法で記載を行った者は，変造のリスクを負担すべきであり，変造の事実を知らずに手形を取得した者に対しては，権利外観理論によって，変造後の文言に従った責任を負うべきであるという説も有力に主張されている（手形法10条を類推適用する根拠として，白地手形の署名者が不当補充につき責任を負わされるのは「手形の記載事項を他人に委ねるという危険——不当補充されやすいという危険——を冒している」からであり，この場合の署名者も「それと同様の危険を冒している」ことをあげる）。たとえば，不用意に余白を空けていたため，あるいは，チェックライターによらずにボールペンで手形金額を算用数字で書いたために，変造されたような場合である。しかし，具体的にどのような帰責事由があれば，署名者に権利外観責任に基づく変造後の責任を認めることができるのかは相当に困難な問題である。

第11章

裏　書

11.1　約束手形の譲渡

11.1.1　裏書による手形の譲渡

　約束手形が信用の手段として利用される主たる理由は，手形にあっては，裏書という簡便・確実な譲渡方法が認められていることにある。譲渡の容易な手形を利用することで，債権者（受取人）は手形割引などによって，信用供与に伴う資本の固定化を避けることができる。このため，裏書には，手形の流通強化のため，人的抗弁の切断（手17条）や善意取得（手16条2項）などが認められる（⇨第12章）。

　約束手形の受取人は，手形を満期まで所持して，満期に振出人から手形金の支払を受けることもできる。この場合，受取人は手形を取立のため銀行に裏書するのが通常である（⇨13.2.1）。

　法律上当然の指図証券　　手形は，指図文句（受取人のみならず，受取人が指図する者も権利者となることができること。すなわち，証券を裏書によって譲渡できること）の記載がなくても，裏書により譲渡することができる（手11条1項）。このため，手形は法律上当然の指図証券であるといわれる。裏書とは，指図証券に特有の譲渡方法であり，手形債権を譲受人に譲渡する旨の意思表示を手形に記載して，手形を譲受人に交付することによって成立する。裏書により，手形上の権利は譲渡人から譲受人に移転する。

114

11.1.2 譲渡裏書の成立

（1）**裏書の記載** 裏書は，手形行為として要式の書面行為である。裏書の記載は，その言葉が示すように，通常は，手形の裏面になされるが，法律上は，このような制限はなく，手形または手形に結合させた紙片（これを補箋という）になすことを要する（手13条1項）。

（2）**裏書の単純性** 裏書は単純でなければならない（手12条1項前段）。裏書に条件を付けても，その条件は記載されなかったものとみなされ，無条件の裏書として有効である（同項後段。無益的記載事項）。これに対して，手形金額の一部を譲渡する裏書（一部裏書）は，裏書それ自体を無効にする（手12条2項。有害的記載事項）。

裏書にも有益的記載事項が認められている。その例としては，無担保文句（手15条1項参照），裏書禁止文句（同条2項），拒絶証書作成免除文句（手46条）などの他，特殊な裏書であることを示すものとして，取立委任文句（手18条），質入文句（手19条）がある。

（3）**裏書と手形要件の具備** 裏書は要式の手形行為として，裏書それ自体の方式を満たす必要があるが，さらに，裏書がなされる基本手形も形式的に手形要件を満たしていることが必要である。ただし，振出が実質的にも有効である必要はなく，制限行為能力・偽造などにより，振出が実質的に無効である場合には，手形行為独立の原則（手7条）が問題となる。

（4）**裏書できる者** 裏書ができる者は，受取人あるいは裏書によって手形を取得した所持人に限らず，相続人，合併後の存続会社，民法の債権譲渡の方法による譲受人などのように，手形権利者であれば手形を裏書によって譲渡することができる。

これに対して，手形上の権利を有しない者（無権利者）は，手形上の権利を移転するという意味での裏書はできない。無権利者から裏書を受けた者は，善意取得（手16条2項）によって手形上の権利を取得することができる。

（5）**手形の交付** 裏書は，手形または補箋に裏書の記載をなし，手形を譲受人に交付することによって成立する。これにより，裏書人の有する手形権利の譲受人への移転と，裏書人の担保責任という効果が生じる。

■ 11.1 約束手形の譲渡 **115**

裏書人が手形に裏書署名後，その意思に基づかずに手形が流通に置かれた場合，権利移転の面では善意取得が，当該裏書人の担保責任の面では交付欠缺が問題となる。

11.1.3 譲渡裏書の方式

裏書には，記名式裏書と白地式裏書の2つの方式がある。

記名式裏書
（甲→乙と記す）

白地式裏書
（甲→ と記す）

(1) **記名式裏書**　裏書は，正式には，被裏書人を指定して，この者に権利を譲渡する旨の裏書文句（「表記金額を下記被裏書人またはその指図人へお支払いください」との記載）を記載して，裏書人が署名する方式によって行う。ただし，「被裏書人○○殿」と記載すれば，裏書文句は記載する必要はない。このように，被裏書人を指定してなす裏書を記名式裏書という。会社の支店・出張所を被裏書人とする記載は，その会社を被裏書人とする裏書となる。

(2) **白地式裏書**　白地式裏書とは，被裏書人を指定せずに，裏書文句を記載してまたはそれを記載せずに，裏書人が署名する方式により行う裏書である。単に裏書人の署名のみをもってなす白地式裏書は，必ず，手形の裏面か補箋にしなければならない（手13条2項）。約束手形の表面になされる共同振出人の署名や保証人の署名との混同を避けるためである。

被裏書人を指定しないだけでなく，積極的に所持人に支払われるべき旨を記載した裏書を持参人払式裏書といい，白地式裏書と同一の効力が認められる（手12条3項）。

白地式裏書も裏書であり，記名式裏書と同様の効力が認められるが，手

形面上，権利者の指定がないことから，その譲渡方法および裏書の連続（⇨11.3.3）との関係で記名式裏書とは異なった扱いを受ける。

（3）　**白地式裏書により手形を取得した者の手形の譲渡方法**　Aの白地式裏書によって手形を取得したBが手形をCに譲渡するには，4つの方法がある（手14条2項）。

①　Bが，Aの白地式裏書の被裏書人欄に自己の名を補充して，(記名式または白地式の) 裏書により手形を譲渡する方法（手14条2項1号前段）。

②　Bが，Aの白地式裏書の被裏書人欄に譲受人Cの名称を補充して，手形を交付によって譲渡する方法（手14条2項1号後段）。

③　Aの白地式裏書の被裏書人名を補充せずに，Bが (記名式または白地式の) 裏書により手形を譲渡する方法（手14条2項2号）。

④　Aの白地式裏書の被裏書人名を補充せずに，単なる交付によって手形を譲渡する方法（同項3号）。

上記②または④の方法による場合，Bは手形に裏書をしていないから，Bは裏書人として担保責任を負わない。このように，白地式裏書により手形を取得した者は，裏書によらずに，交付による譲渡という無記名証券と同じ方法と効力をもって手形を譲渡することができる。

11.2　譲渡裏書の効力

譲渡裏書には，①権利移転的効力，②担保的効力，③資格授与的効力の3つの効力が認められる，と説明されるが，正確には，資格授与的効力は，裏書の効力というより，裏書の「記載」に認められる効力である。

11.2.1　権利移転的効力

裏書により，裏書人の有する手形上の一切の権利が被裏書人 (白地式裏書により手形を取得した者を含む。以下同じ) に移転する（手14条1項）。これを裏書の**権利移転的効力**といい，裏書の本質的効力である。これに対して，裏書人が手形債権につき有する担保権，保証債権，違約金請求権などの手形外の権利は，裏書によって被裏書人に移転せず，そのためには別個の権

■ 11.2　譲渡裏書の効力　　**117**

利移転手続・対抗要件手続を満たす必要がある（最判昭和45・4・21民集24巻4号283頁：百選49事件。ただし，保証債権は，その付従性・随伴性から，主たる債権である手形債権とともに移転し，裏書により手形債権を取得した者は民事保証債権の取得につき対抗要件を備える必要はない）。

11.2.2　担保的効力

裏書により，裏書人は被裏書人およびその後の手形権利者に対して手形の支払を担保する（手15条1項）。これを裏書の**担保的効力**という。約束手形が適法に支払呈示されたにもかかわらず，手形が支払われなかったときは，裏書人は振出人に代わって手形を支払うべき義務を負う（**遡求義務**または**償還義務**という）。

裏書人の担保責任は，手形の流通保護の見地から，法が特に認めた責任である。手形を譲り受ける者の最大の関心事は，手形が満期に確実に支払われるかどうかにある。しかし，譲受人にとって，直接の取引関係にない約束手形の振出人が手形を確実に支払うかどうかを調査・判断することは必ずしも容易ではない。手形の容易な譲渡を実現するためには，この点の譲受人の不安を解消ないし軽減する必要がある。このため，裏書人の担保責任が認められる。

担保責任の排除　裏書人は，手形に一定の記載をすることによって，担保的効力を排除することができる（手15条）。これには2つの方法がある。①裏書人は，「支払を担保しない」旨を手形に記載することによって，担保的効力を排除することができる（手15条1項の「反対の文言」）。これを**無担保裏書**という。②さらに裏書人は，新たな裏書を禁じる旨を記載して裏書を行うことができる（同条2項）。これを，**裏書禁止裏書**という。振出人と異なり，裏書人が手形の指図証券性を奪うことはできないから，裏書禁止裏書が行われた後でも，手形を裏書によって譲渡することができる。裏書禁止裏書をなした裏書人は，直接の被裏書人に対しては担保責任を負うが，それ以後の手形所持人に対しては担保責任を負わない（手15条2項）。

❖ **ファクタリングとノン・リコース** ══════════════════════

債権の買い取りを専門に行う業者（ファクター）が現れた今日，手形法が制定

された当時とは状況が異なる。ファクターが買い取る手形や売掛債権の債務者は多種多様であるため，ファクターは買取債権が回収不能となるリスクを統計学などの手法を用いて管理している。さらにファクターは，債務者の財務情報などを入手して信用リスクを評価するノウハウも蓄積している。ファクターは買い取った債権の回収不能リスクを，債権の売主よりもより良くコントロールできるのであり，売主の担保責任（民569条参照）は重要でない。逆に，債務者が倒産した場合でも，譲渡人に対して買い取った債権について買戻請求をしないという約定で債権を買い取るサービス（ノン・リコース。債権の売主から見れば，債務者倒産リスクに関する保険をファクターから買うのと実質的に同じ）を提供することがファクターの重要な機能となっている。

外国の企業を相手に取引する場合，取引相手の信用力を判断することは容易でない。これまでわが国では信用状決済が広く利用されてきたが，貿易取引の分野でも，国際ファクタリングがこれに代わる地位を占めつつある。各国のファクターが連携することで，他国の債務者の信用情報を入手することが可能となり，貿易代金をノン・リコースで買い取るサービスが提供されている。

11.2.3 資格授与的効力

裏書人が裏書記載をして手形を被裏書人に交付すれば，手形上の権利は被裏書人に移転する。それ故，裏書の記載上，被裏書人と指定されている者が手形を所持しているとき，この者が権利者である蓋然性が高い。そこで，手形の基本的な要請である権利行使の容易さと流通性の確保を図るため，この蓋然性に一定の法的効果を与えて，裏書の記載上，被裏書人と指定されている者（白地式裏書の場合には手形の所持人）が手形を所持するという外形的事実があれば，一応，所持人を権利者と推定することができる。これを裏書の資格授与的効力という。個々の裏書記載が資格授与的効力を有することを基礎として，手形法16条１項は，裏書の連続する手形の所持人は権利者と推定されることを定める。

裏書の資格授与的効力は，裏書の権利移転的効力を基礎に，裏書の記載という外形的事実に認められる効力である。それ故，資格授与的効力は，権利移転的効力や担保的効力とは異なり，手形行為としての裏書が有効になされたことは必要でない。

11.3　裏書の連続

11.3.1　裏書連続の意義

　手形が裏書によって順次譲渡されると，受取人が第一の裏書人となって第一の被裏書人に手形を裏書譲渡し，後者が第二の裏書人となって第二の被裏書人に裏書譲渡する，というようにして，現在の手形所持人を最後の被裏書人とするまでの一連の裏書記載が手形面上に行われることになる。裏書の連続とは，このように最初の権利者である受取人から現在の手形所持人に至るまで，裏書が手形面上の記載において途切れることなく続いていることをいう（受取人＝A→B，B→C，C→D＝手形所持人）。裏書の連続とは，正確にいえば，裏書記載が連続していることである。なお，裏書の「連続」は裏書記載が複数あることを要件とするものではなく，1個の裏書記載があるにすぎない場合でも，その裏書人が受取人であり，被裏書人が手形の所持人であれば裏書の連続が認められる。

11.3.2　裏書連続の効果

　裏書の連続する手形の所持人は権利者と推定される（手16条1項第1文）。法文上は「適法の所持人と看做す」となっているが，裏書の連続する手形の所持人でも権利者でない場合もあるから（たとえば，白地式裏書のある手形を盗取あるいは拾得した者），これを権利者とみなして，所持人が権利者でないという反対事実の立証を許さないとするのは行き過ぎであり，これは推定するという意味に解しなければならない（最判昭和36・11・24民集15巻10号2519頁）。裏書の連続により手形の所持人が権利者と推定されることを形式的資格という。

　裏書の連続する手形の所持人が権利者と推定されることは，次の3つの法的効果と結びついている。

　①　裏書の連続する手形の所持人の権利行使に際しての立証責任の転換。

　②　裏書の連続する手形の所持人から手形を取得する者の善意取得（手

16条2項)。

③　裏書の連続する手形の所持人への支払による債務者の免責（手40条3項)。

裏書の連続にこれらの3つの法的効果が認められることにより，手形の基本的要請である権利行使の容易さと流通性の確保が図られるのである。

11.3.3　裏書連続の判断

手形法は，権利行使の容易さと流通性の確保を図るため，手形面上，裏書の記載が連続しているという外形的事実に権利者としての推定という効果を与えた。それ故，裏書の連続の有無は，手形の記載から形式的・外形的に判断されなければならないのであり，実質的に有効な裏書が連続していることは必要ではない。手形の記載上連続する裏書の中に，実質的に無効な裏書（たとえば，偽造や無権代理人による裏書）や実在しない者の裏書が介在していても，裏書の連続は害されない（最判昭和30・9・23民集9巻10号1403頁)。たとえば，Aを受取人として振り出された手形をBが盗んでA→Bの裏書を偽造した場合でも，Bは裏書の連続する手形の所持人として権利者と推定される。

（1）　**白地式裏書と裏書の連続**　　白地式裏書には被裏書人の記載がなく，単なる交付により手形を譲渡できる（⇨11.1.3(2)）ことから，裏書の連続は次のようにして判断される。まず，白地式裏書に次いで裏書がある場合には，裏書の連続との関係では，その裏書をなした者は白地式裏書によって手形を取得したものとみなされるから（手16条1項第4文)，白地式裏書と次の裏書とは常に連続する。最後の裏書が白地式である場合には，手形面上裏書が連続していれば，その手形の所持人は，常に，裏書の連続する手形の所持人として権利者と推定される（同項第2文)。たとえば，受取人＝A→B，B→（被裏書人白地）という裏書記載のある手形を所持する者は誰でも，裏書の連続する手形の所持人として権利者と推定される。これは，無記名証券における権利推定と同じである。

（2）　**記名式裏書と裏書の連続**　　記名式裏書の場合，裏書の連続は，手形の記載に基づき，受取人ないし被裏書人の記載と次の裏書の裏書人署

名とが同一人であるか否かによって判断される。その際，両者の表示が完全に一致していることは必要ではなく，多少の差異があってもその主要な部分において一致しており，社会通念上，同一人を表示する記載であると判断できれば，裏書の連続が認められる。

　これとは逆に，受取人または被裏書人の記載において芸名・通称であるAと表示された者が，その本名であるBで裏書署名をした場合，この裏書は権利者AことBが行った裏書として実質的には有効であるが（したがって，権利移転的効力も担保的効力も認められる），手形の記載上は別人であるから裏書の連続はない（大判昭和15・9・26民集19巻1729頁。被裏書人が「榎本和照」で，次の裏書人の署名が「榎本濱次郎」の場合，両者が同一人でも裏書の連続を欠く）。

　受取人や被裏書人の記載，あるいは次の裏書の裏書人署名が，個人を表示するものか会社を表示するものか明確でない場合でも，手形外の事情を考慮することは許されず，手形の記載を社会通念に従って合理的に解釈して，裏書の連続を判断しなければならない。たとえば，以下のような判例がある。

　㈠　被裏書人の記載が「A会社　B」，裏書人署名が「A会社　代表取締役B」である場合，被裏書人は「A会社」を表示するものとして裏書の連続が認められる（最判昭和27・11・25民集6巻10号1051頁）。

　㈡　受取人の記載が「A会社　支店長B」，裏書人署名が「B」である場合，裏書署名と対照して，受取人はB個人を表示するものと解されるから，裏書は連続する（最判昭和30・9・30民集9巻10号1513頁：百選50事件）。

　㈢　被裏書人の記載が「A会社」，裏書人署名が「A会社　B」である場合，BがA会社を代理・代表する権限を有していれば，A会社の裏書として有効である以上，Bの代表権の有無を問わず，裏書の連続が認められる（最判昭和56・7・17判時1014号128頁。Bに代表権がなければA会社の裏書は無権代理として無効だが，このことは裏書の連続とは関係しない）。

　最後の裏書が記名式裏書である場合，困難な問題を生じる。たとえば，受取人＝A→B，B→Cという裏書記載のある手形をCが所持している場合，Cは裏書の連続する手形の所持人である。これに対して，C以外の者

がこの手形を所持する場合には，その者は裏書の連続する手形の所持人とはならない。最後の裏書が記名式である場合には，手形を所持する者が，最後の被裏書人と同一人であることが必要となる。同一人かどうかは，手形の記載からは判断できず，ましてや，手形面上裏書が連続している手形を所持している事実から，所持人が最後の被裏書人と同一人であることが推定されるわけでもない。手形の所持人は，自分が最後の被裏書人と同一人であることを手形外の事実（たとえば身分証明書の提示）によって証明する必要がある（同一性の問題）。

(3) **裏書の抹消**　**裏書の抹消**とは，いったん手形上になされた裏書の記載全体を抹消することをいう。裏書記載が抹消されたと一般的に解されるものであれば，抹消の方法は問わない。裏書の抹消が権限者により適法に行われることもあれば，無権限者により不法に抹消される場合もあり，権限者が誤って抹消することもある。しかし，裏書の連続との関係では，裏書が抹消された事由・方法・時期などを一切問わず，すべて抹消された裏書は記載のないものとみなされる（手16条1項第3文）。裏書の連続は，その記載から形式的に判断されなければならないからである。この結果，裏書の抹消により裏書の連続が作り出されることもあれば，それまで連続していた裏書が抹消により不連続となることもある。

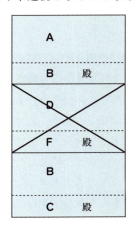

裏書の抹消

■ 11.3　裏書の連続　123

(4)　**被裏書人名の抹消と裏書の連続**　　AがBを被裏書人とする裏書
をしたが，Bから手形を受け戻して（あるいはBへの裏書を取り止めて），C
に手形を裏書譲渡する場合，Aは（Bへの裏書記載を全部抹消して，新たにC
を被裏書人とする裏書をすることができるが，この手間を省くため）被裏書人B
の記載だけを抹消して，Cに手形を譲渡することがある。このような被裏
書人の記載だけが抹消された裏書記載は，裏書の連続との関係では，抹消
された被裏書人名だけが記載されていないものとして白地式裏書となる，
と解される（最判昭和61・7・18民集40巻5号977頁：百選54事件）。被裏書人
の記載だけが抹消されている場合，抹消された被裏書人の記載がない白地
式裏書の記載と考えるのが自然であるし，被裏書人名の抹消という方法で
手形が裏書譲渡されている取引実態を考慮すれば，このように解すること
が取引通念にも合致し，ひいては手形の流通の保護にも資するからである。

(5)　**受取人欄の変造と裏書の連続**

> ［事例11-1］　YがAを受取人とする約束手形を振り出したが，受取人名
> がAからBに変造されて，B→C，C→Xの裏書記載のある手形をXが所
> 持している場合，裏書の連続は認められるか。

　手形が変造された場合，変造前の署名者は原文言に従って責任を負う
（手69条）から，変造前の署名者Yとの関係では，変造前の受取人Aとい
う記載に基づいて裏書の連続が判断されることになるのかが問題となる。
　判例（最判昭和49・12・24民集28巻10号2140頁：百選51事件）・通説は，「裏書の
連続は，手形の現在の記載から形式的に判断されるから，受取人欄の記載
が変造された場合でも，手形面上，変造後の受取人から現在の手形所持人
へ順次連続した裏書の記載があるときは，右所持人は，変造前の署名者と
の関係においても，手形の適法な所持人と推定される」と解する。手形法
69条は，変造があっても「一旦有効に成立した手形債務の内容に影響を及
ぼさない法理を明らかにしたものにすぎず，手形面上，原文言の記載が依然
として現実に残存しているものとみなす趣旨ではない」ことを理由とする。

124　■第11章　裏　書

11.3.4　裏書の連続による権利推定

　裏書の連続する手形の所持人は権利者と推定される（手16条1項）。一般原則によれば，債権の譲受人が権利行使するには，債権発生の事実（手形の場合，被告が手形行為を行った事実である⇨4.2.2(1)）に加えて，最初の権利者から自己に至るまで実質的に有効な権利移転があった事実（および対抗要件が満たされている事実）を主張・立証しなければならない。

　これに対して，手形の所持人は，自己が裏書の連続する手形を所持する事実を主張・立証すれば権利者と推定されるから，権利移転の事実を証明する必要はなく，簡便な権利行使が確保される。この推定は法律上の権利推定であり，手形の支払を拒絶する手形債務者の側に，所持人が無権利者であることの立証責任が転換される。この立証は，所持人に至る流通過程に無権利者が介在したという事実（たとえば，受取人が手形を盗取された事実）の立証では足りない。その後の手形取得者が手形を善意取得して（手16条2項），所持人が権利者である可能性があるからである。債務者は，右事実に加えて，所持人に至るまで誰も手形を善意取得していない事実を立証しなければならない（最判昭和41・6・21民集20巻5号1084頁）。

　手形の所持人が，手形法16条1項の権利推定を受けるには，裏書の連続する手形を所持する事実を主張する必要があるが（最判昭和41・3・4民集20巻3号406頁），「手形上の権利を行使しようとする者は，……裏書が連続しているかぎり，その連続する裏書に基づき権利者となっていることを主張するのが当然」であるから，「原告が，連続した裏書の記載のある手形を所持し，その手形に基づき手形金の請求をしている場合には，当然に，手形法16条1項の適用の主張がある」ものと解される（最判昭和45・6・24民集24巻6号712頁：百選52事件）。

11.3.5　裏書の不連続と権利行使

　裏書の連続は，手形の所持人を権利者と推定するという形式的資格の問題であって，実質的権利の帰属とは関係しない。裏書の連続を欠く場合に，手形の所持人が権利者である場合もある（手形が相続された場合を考えよ）。

■ 11.3　裏書の連続　**125**

裏書の連続を欠く手形の所持人は，権利者と推定されないが，実質的な権利移転の事実によってその権利を証明すれば，手形上の権利を行使することができる（最判昭和31・2・7民集10巻2号27頁：百選53事件）。

❖ **裏書の不連続と遡求権**

裏書の連続を欠く手形の所持人が，自己の実質的権利を証明することなく，手形を呈示して支払請求しても適法な支払呈示にはならない。したがって，裏書の連続を欠く手形を，手形交換を通じて支払呈示しても適法な支払呈示にはならず，債務者を遅滞に付する効力も裏書人等に対する遡求権を保全する効力も認められない。ただし，債務者が裏書の不連続を理由としてではなく，弁済禁止の保全処分（民事再生30条参照）が発せられていることを理由に支払を拒絶した場合に，手形交換所を通じての支払呈示に遡求権保全効を認める下級審判決がある（大阪高判昭和55・2・29判時973号122頁）。

裏書の連続を欠く場合，所持人はどこまで実質的な権利移転の事実を証明しなければならないか。

(ア)　手形面上，裏書の記載は連続しているが（受取人＝A→B，B→C），最後の裏書の被裏書人（C）と所持人（X）とが異なる場合には，最後の被裏書人から所持人に至るまでの権利移転の事実を証明するか，あるいは最後の被裏書人の氏名が所持人の別名であること（CとXが同一人であること）を証明すればよい。

(イ)　中間の裏書に断絶がある場合（受取人＝A→B，C→X＝手形の所持人），通説は，連続の欠けている箇所について実質的権利移転のあった事実（上の例では，BからCへの権利移転の事実）を証明すれば足りると解する（**架橋説**）。裏書の連続による権利推定は，個々の裏書記載の資格授与的効力が集積したものであるから，裏書の連続を欠く場合でも，連続を欠く箇所の前後の裏書記載（上の例では，A→B，C→X）には資格授与的効力が認められる。したがって，連続の欠けている箇所について権利移転の事実が証明されれば，全体として権利移転の事実（受取人Aから手形の所持人Xまでの権利移転の事実）の証明があったと解することができる。

11.3.6 裏書禁止手形（指図禁止手形）

手形は法律上当然の指図証券であるが，振出人は，手形に「指図禁止」の文字またはこれと同一の意義を有する文言を記載することによって，手形を裏書によって譲渡することを禁じることができる（手11条2項）。この手形を**裏書禁止手形（指図禁止手形）**という。

債務者が，約束手形の振出によって，債権者に権利行使の確実性・迅速性というメリットを与えたいが，債権者に対して有するかもしれない抗弁（たとえば，反対債権による相殺の可能性）が手形の裏書譲渡によって切断されることを望まないという場合がある。このような需要に応じるために裏書禁止手形が認められている。

(1) 裏書禁止文句の記載方法　　裏書禁止は，法律上当然に認められる手形の指図証券性を奪うものであるから，手形の記載から，振出人が裏書を禁止して手形を振り出したことが明瞭でなければならない。指図禁止と同一の意義を有する文言としては，「裏書禁止」，「譲渡禁止」，「受取人限り」などの記載や，受取人欄の「○○殿限り」との記載がある。

手形用紙にあらかじめ印刷されている指図文句を抹消することなく，手形に**指図禁止文句**を記載した場合，指図禁止文句の効力が優先し，裏書禁止手形となる（最判昭和53・4・24判時893号86頁：百選47事件）。この場合，

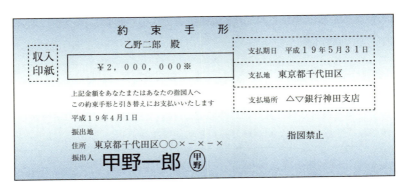

裏書禁止手形

■ 11.3 裏書の連続

振出人は当該手形を裏書禁止手形とする意思であったと解するのが合理的であり，かつ，そのような振出人の意思は手形の記載から十分に明確だからである。ただし，統一手形用紙にあらかじめ印刷されている指図文句を抹消しただけでは指図禁止手形とはならない。手形は法律上当然の指図証券として，指図文句がなくても裏書譲渡することができるからである。

（2）**裏書禁止手形の譲渡の方式・効力**　裏書禁止手形は，民法の債権譲渡の方式に従い，かつ，その効力をもってのみ譲渡することができる（手11条2項）。裏書禁止手形を譲渡するためには，譲渡の意思表示の他に，対抗要件として債務者への通知または債務者の承諾が必要である（民467条）。さらに，裏書禁止手形も有価証券であるから，手形の交付が必要である。

裏書禁止手形の譲渡は，民法の債権譲渡の効力のみを有するから，裏書に特有の効力は認められない。すなわち，人的抗弁の切断や善意取得は当然に認められないし，仮に裏書禁止手形に裏書をしても，その記載には資格授与的効力は認められず，また，裏書署名をした者が担保責任を負うこともない。

11.3.7　裏書によらない手形の譲渡

（1）**民法の債権譲渡の方法による手形の譲渡**　手形は裏書により譲渡することができるが，裏書以外の方法（民法の債権譲渡の方法）によって手形を譲渡することもできる（最判昭和49・2・28民集28巻1号121頁：百選48事件）。

> ［事例11-2］　受取人Aが手形をいったんBに裏書譲渡したが，その後，Bから手形の返還を受け，Bへの裏書記載をそのままにして，単なる交付によって手形をCに譲渡し，さらにCから単なる交付によって手形が譲渡され，手形の所持人Xが被裏書人Bの記載を抹消した。

最高裁判決は，受取人AからCへの手形の譲渡は，単なる交付によるもので裏書によるものでないから，本件手形の譲渡は通常の債権譲渡の方法によるものと解すべきである，と判示した。裏書によらない手形の譲渡

128　■第11章　裏　書

が民法の債権譲渡の方法による手形の譲渡と解される以上，その譲渡は民法の債権譲渡の方式（民467条）に従わなければならず，対抗要件を満たす必要がある。さらに，この場合，手形の指図証券性が失われるわけではないから，手形の譲渡には手形の交付が必要になる。譲渡の効力は，民法の債権譲渡の効力のみを有する。

（2）　相続・合併・強制執行による手形上の権利の移転　　手形上の権利は，意思表示よって譲渡されるほか，相続や合併のような包括承継，あるいは弁済者代位（民499条・501条）により，さらには強制執行による売却によっても移転する。なお，手形に対する強制執行は，裏書禁止手形を除き，動産に対する強制執行の方法による（民執122条1項）。

第12章

善意の手形取得者の保護

　手形取引の安全確保のため，手形法は，善意取得（手16条2項）と抗弁の切断（手17条）とを定めて，証券の記載や証券の所持という外形的事実を信頼して手形を取得した者を保護する。

　善意取得は，譲渡人が無権利者であるため手形権利を承継取得できない譲受人を保護する制度である。

　抗弁の切断は，抗弁の存在を知らずに，譲渡人から手形を取得した譲受人を保護する制度である。

　これらは，裏書によって（受取人白地の手形または最後の裏書が白地式裏書の手形の場合には，単なる手形の交付による取得者を含む）手形を取得した者についてのみ認められるものであり，裏書以外の方法で手形を取得した者には，このような特別な保護は与えられない。

12.1　抗弁の制限と手形抗弁

　民法の債権譲渡では，債務者は，原則として，債権譲渡の通知を受けるまでに譲渡人に対して生じた一切の事由を抗弁として主張することができる（民468条1項）。この結果，債権の譲受人は，譲受債権の存否や内容，抗弁の有無などのリスクを負担することになり，債権の譲渡性ないし流通性は限定される。

12.1.1　抗弁の切断

　信用取引が円滑に行われるためには，債権の流通性を高める必要がある

130

が，債権譲渡に伴うリスクから譲受人を保護することによって，この要請に応えるのが手形である。このため，手形は設権証券・無因証券・文言証券とされ，原因関係などの手形外の事情は手形権利に影響を及ぼさない人的抗弁として，手形法17条によりその切断が定められる。人的抗弁の切断を定める手形法17条は，善意取得を定める手形法16条2項とともに，手形の流通性を高めるために，「権利の譲受人は譲渡人が有する以上の権利を取得することはできない」という権利の承継取得の原則に対する例外を定める。

12.1.2 物的抗弁と人的抗弁

手形抗弁とは，手形の支払請求を受けた者が，請求者に対して請求を拒むために主張することができる事由をいう。手形抗弁は，その抗弁を対抗できる人的範囲に従って，物的抗弁と人的抗弁とに分類される。物的抗弁とは，所持人の善意・悪意を問わず，手形により請求を受ける者がすべての手形所持人に対して主張することができる抗弁をいう。これに対して，特定の手形所持人に対してのみ主張することができる抗弁を人的抗弁という。この他，特殊な人的抗弁として，手形所持人が無権利者であるという抗弁（無権利の抗弁）があるが，この場合，その後の手形取得者は，抗弁の切断ではなく，善意取得によって保護される。

具体的に，どのような抗弁が物的抗弁となり，何が裏書によって切断される人的抗弁となるのか。人的抗弁の切断を定める手形法17条は，何が「人的関係に基づく抗弁」であるかを定めていない。それ故，物的抗弁と人的抗弁の区別は，手形の流通性を高めるために人的抗弁の切断を定めた法の趣旨に鑑み，手形の流通保護と手形債務者の保護とを比較衡量して，解釈によって決めなければならない。その際，人的抗弁には様々なものがあり，それらを全て列挙することは非現実的であるため，まず，何が裏書によっても切断されない物的抗弁であるかが明らかにされる。物的抗弁でない抗弁はすべて裏書によって切断される人的抗弁として分類されることになる。

12.2　物的抗弁

　物的抗弁は，手形により請求を受けた者がすべての手形所持人に対して
主張することができる抗弁であり，手形が裏書譲渡されても切断されない
抗弁である。どのような抗弁が物的抗弁であるかは，民法520条の 6 が指
図証券につき，「証券に記載した事項」と「証券の性質から当然生ずる結
果」は，善意の譲受人に対しても主張することができる物的抗弁であると
規定していることが参考になる。

　（1）　**手形の記載から明らかな事項**　　手形の記載から明らかな事項は，
すべての手形取得者が容易に知ることができるから，これを物的抗弁と解
しても，取引の安全を害することはない。手形債務の内容は手形の記載に
基づいて決定されるという手形の文言証券性から当然の帰結でもある。た
だし，無益的記載事項は，これを手形に記載しても記載がないものとみな
されるから，物的抗弁とはならず，手形外の合意として手形法17条の人的
抗弁となるにすぎない（手形の記載から，取得者が当然に悪意となるわけではない）。

　手形の記載から明らかな物的抗弁の例としては，①手形要件の欠缺（手
76条 1 項）や有害的記載事項の記載により手形が無効であること，②法人
名と法人印だけによる法人の署名のように，署名が方式違反により無効で
あること，③手形上明瞭な支払済・相殺・免除（手39条 1 項・ 3 項。ただし，
反対説がある），④満期の未到来のほか，裏書人につき，⑤無担保文句の記
載があること（手15条 1 項），などがある。

　（2）　**手形の性質より当然生ずる物的抗弁**　　例としては，①適法な支
払呈示でないこと，②遡求権保全手続が満たされていないこと，などがあ
げられる。

　（3）　**制度趣旨から物的抗弁とされるもの**　　手形の記載からは明らか
ではないが，制度趣旨から物的抗弁と解されるものがある。これには，①
供託による手形債務の消滅（手42条），②除権決定による手形の無効（非訟
118条）のほか，③手形債権が時効によって消滅したことなどがある。
また，次に述べる意思無能力，行為能力の制限に基づく抗弁も，法律行為

や行為能力の制度趣旨から物的抗弁であると解することもできる。

（4）　**手形行為が有効に成立していない旨の抗弁**　　かつては，手形行為が有効に成立していないことは物的抗弁であると解されてきた。しかし，物的抗弁と人的抗弁の区別は，一定の理論から当然に導き出すことができるものではなく，手形の流通保護と手形債務者の保護との利益衡量に基づいて，政策的に決定されるべき問題である。

わが国では，手形がもっぱら企業の信用手段として利用されてきたこともあって，手形取引の安全が強調され，手形の記載から明らかでない物的抗弁は広く認めるべきではないと解されている。たとえば，交付欠缺や意思表示の瑕疵等に基づく抗弁は物的抗弁ではない。偽造や無権代理の場合も，名義人・本人が表見代理（の類推適用）により善意の手形取得者に対して手形上の責任を負担しなければならない場合がある。変造についても，不用意な記載により変造を容易にした署名者は，権利外観理論によって，変造後の文言に基づいて責任を負わなければならない場合のあることが，学説において認められている。

これに対して，意思無能力や絶対的強迫（東京地判昭和47・3・28判時665号88頁）による手形行為の無効，行為能力の制限による手形行為の取消が物的抗弁であることについては，争いがない。手形取引の安全が要請されるといっても，これらの者に手形行為に基づく責任を負わせることは，現行法秩序においては許されないからである。

12.3　人的抗弁

12.3.1　手形法17条の人的抗弁

物的抗弁以外の抗弁は，手形の裏書譲渡によって切断され，善意の手形取得者に対して主張することができない人的抗弁である。もっとも，裏書によって切断される抗弁のすべてが，手形法17条の「人的関係に基づく抗弁」であるというわけではない。たとえば，交付欠缺の場合，手形取得者が保護されるための主観的要件は，手形法17条の「悪意」のないことでは

なく，善意・無重過失が要求される。裏書によって切断される抗弁には，手形法17条とは別に，手形取引の安全という要請に基づいて，抗弁の制限が認められる人的抗弁があるのである。ここでは，手形法17条の定める「人的関係に基づく抗弁」について説明する。

（1）　手形法17条にいう「人的関係に基づく抗弁」の典型例は，手形を授受する原因となった法律関係に基づく抗弁（原因関係上の抗弁）である。手形行為の無因性から，原因関係に基づく事由は，手形債務に影響を及ぼさない手形外の事由として，手形法17条の定める「人的関係に基づく抗弁」となる。原因債権が時効消滅したことも，手形法17条の人的抗弁となる（最判昭和62・10・16民集41巻7号1497頁：百選78事件）。

（2）　当事者間の手形外での特約に基づく抗弁（たとえば，手形外での支払猶予の特約）も，手形債務に影響を及ぼさない手形外の事由に基づく抗弁として，手形法17条の人的抗弁である。

（3）　相殺の抗弁も人的抗弁である。手形割引における割引銀行と取引先企業のように，継続的な取引関係にある企業間において手形が授受される場合，手形関係やその原因関係とは無関係な法律関係から，手形債権と相殺可能な反対債権が生じている場合もある。このような反対債権による相殺の抗弁も，手形法17条の人的関係に基づく抗弁である。

以上はすべて手形外の事情に基づく抗弁である。手形がその経済的機能を十分に発揮するためには，手形を取得しようとする者が，このような手形外の事情について調査することなく手形を取得できることが必要となる。この要請に応えるため，手形法17条は「人的関係に基づく抗弁」は，悪意で手形を取得した者を除いて，手形所持人に対抗することができないことを定める。

（4）　上記の趣旨から，手形の記載から明らかでない手形債務の消滅（手形と引換でない支払，手形に記載なき一部支払など）も，手形法17条の定める人的抗弁であると解される（反対説あり）。手形の支払による手形債務の消滅は手形外の事情とはいえないが，手形債務者は，支払に際して，手形の返還または手形に支払の旨を記載すべきことを請求できるのであり（手39条），手形を取得しようとする者に，このような手形法の予定しない支

134　■ 第12章　善意の手形取得者の保護

払によって手形債務が消滅していないかどうかにつき調査すべきことを要求することは適切ではない（重過失の有無を問題にすべきでない）からである。

12.3.2　手形法17条の予定していない人的抗弁

交付欠缺により署名者の手形行為が成立していない旨の抗弁には，手形法17条は適用されないが，署名者は悪意・重過失のない手形取得者に対して権利外観理論に基づく責任を負う，という意味では人的抗弁である。白地手形における不当補充の抗弁も，手形法17条ではなく手形法10条が適用され，署名者は悪意・重過失のない手形取得者に対して補充後の文言に従って責任を負う。

判例は，意思表示の瑕疵により署名者の手形行為が無効（取消を含む）である旨の抗弁は，手形法17条の人的抗弁であると解するようである（⇨6.4）。これは，瑕疵があるにせよ署名者の手形行為が成立していることを重視し，手形行為が意思の不存在・意思表示の瑕疵により無効であることは手形の記載からは明らかでなく，手形取得者に（重過失があれば保護されないという意味で）調査を要求することが迅速・円滑な手形取引にとって好ましくないことは，原因関係などの手形外の事情に基づく抗弁の場合と異ならないとの考えに基づくものと思われる。

12.3.3　人的抗弁の当事者＝直接の当事者

人的抗弁は（手形法17条によるものか否かを問わず），その抗弁事由が存在する直接の当事者間でのみ問題となり，手形が裏書譲渡されれば，その後の手形所持人に対しては主張できなくなるのが原則である。ただし，手形法17条の「人的関係に基づく抗弁」は，手形所持人に「悪意」が存する場合（⇨次述），それ以外の人的抗弁は，手形所持人に悪意または重過失のある場合，抗弁の切断は生じない。

直接の当事者間では，抗弁の切断は問題とならない。債務者は直接の相手方に対して，手形の支払を拒むことができる一切の事由を抗弁として主張することができる。直接の相手方かどうかは，手形の記載によって決ま

■ 12.3　人的抗弁　**135**

るのではなく，手形を授受する実質的な取引関係に基づいて判断される（最判昭和49・12・19金法746号26頁）。たとえば，受取人白地の手形や最後の裏書が白地式である手形が単なる交付によって譲渡される場合，現実の直接の当事者と手形の記載とが異なるし，隠れた保証のための裏書（⇨16.4）が介在する場合には，直接の当事者である者が，手形上はそうでないかのような記載となることがある。

12.3.4　悪意の抗弁（手17条但書）

人的抗弁の切断は手形取引の安全を目的とする制度であるから，抗弁の存在を知りながら手形を取得した者まで，人的抗弁の切断によって保護する必要はない。手形法17条但書は，所持人が「債務者を害することを知りて手形を取得した」場合，抗弁は切断されず，債務者は，所持人の前者に対する人的関係に基づく抗弁をもって，所持人に対抗することができる旨を定める。これを悪意の抗弁という。

（1）　「債務者を害することを知りて」手形を取得したこと

［事例12-1］　AがBを受取人として約束手形を振り出し，BがこれをCに裏書譲渡し，Cが手形の所持人となった。Aは，Bとの間の原因関係に基づく抗弁を主張して，Cからの手形金請求を拒むことができるか。

手形法17条但書は，「債務者を害することを知りて手形を取得した」ときは，人的抗弁は切断されないことを規定する。「債務者を害する」とは，債務者Aが，所持人Cの前者Bからの手形金請求に対して抗弁を主張して手形の支払を免れることができたのに，Cの手形取得により抗弁を対抗できなくなり，手形の支払を強制されるという不利益を受けることを意味する。Cがこのような事情を知って手形を取得したときは，債務者を害することを知って手形を取得したことになり，抗弁の対抗を受ける。

通常は，抗弁の存在を知って手形を取得すれば，債務者を害することを知って手形を取得したことになる。①Cが，A・B間の原因関係が無効・取り消された，あるいは解除されたことを知りながら手形を取得した場合，特別の事情がない限り，17条但書の「悪意」にあたる（大判昭和16・1・27

136　■　第12章　善意の手形取得者の保護

民集20巻25頁）。さらに、②手形取得時に原因関係が取り消されていなくて
も、取消事由（たとえばBの詐欺）を知りながら手形を取得した場合には、
その後に原因関係が取り消されることを知りながら手形を取得したものと
して、悪意の抗弁が認められる（大判昭和19・6・23民集23巻378頁：百選29
事件）。

　これと異なり、③Bが原因関係上の債務につき未履行である、あるいは
履行遅滞に陥っていることを、Cが知りながら手形を取得したというだけ
では、悪意の抗弁は成立しない（大判昭和16・8・26民集20巻1125頁、最判昭
和30・11・18民集9巻12号1763頁）。Aは、Bに対して原因関係上の債務の履
行と引換に手形を支払う旨の抗弁を主張できるが、手形の支払を免れるこ
とができるわけではない。同時履行の抗弁を対抗できない不利益は、原因
関係上の債務とは別個・独立の手形債務を負担して、満期に手形を支払う
ことを約束したAが当然に甘受すべき不利益である。もっとも、④Cが、
Bの債務の履行が不可能な状況にあることを知っていた場合には、原因関
係がBの債務不履行を理由に結局解除されるに至ること（したがって、債
務者Aは手形の支払を免れること）を知って手形を取得したものとして、悪
意の抗弁が認められる（最判昭和30・5・31民集9巻6号811頁、最判昭和48・
3・22判時702号101頁）。

　以上のような「悪意」の意味内容については、「所持人が手形を取得す
るにあたり、満期において、債務者が所持人の直接の前者に対して抗弁を
主張することは確実であるとの認識を有していた場合」をいう、と解する
のが通説である。所持人にこの意味での悪意がなければ、たとえ重過失が
あっても悪意の抗弁は認められない（最判昭和35・10・25民集14巻12号2720
頁：百選32事件）。なお、悪意の有無は手形取得の時を基準にして決まり、
取得後に悪意となっても悪意の抗弁の対抗を受けない（最判昭和26・2・20
民集5巻3号70頁）。

(2) 善意者介在後の悪意の取得者

[事例12-2]　約束手形の振出人Aが受取人Bに対して原因関係上の抗弁
を有しているところ、Bが手形を善意のCに裏書譲渡し、さらにCが手

形を悪意のDに裏書譲渡した。AはDに対して抗弁を主張することができるか。

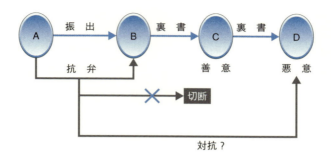

　振出人Aが受取人Bに対して主張できる抗弁が，善意の第三者Cに裏書譲渡されて対抗できなくなった場合，Cから手形を取得したDが抗弁につき悪意であっても，Dは抗弁の切断されたCの権利を承継取得するから，AはDに抗弁を抗弁とすることはできない（最判昭和37・5・1民集16巻5号1013頁：百選28事件）。ただし，善意者Cが抗弁の切断を目的としたDのかいらいにすぎない場合や，Dが当該抗弁事由（詐欺など）に積極的に加担している場合には，Dは抗弁切断の利益を受けることはできない（信義則違反ないし権利濫用を理由とする一般悪意の抗弁）。Dの手形取得が，信義則上，Bへの戻裏書と同視される場合も，Dは抗弁の対抗を受ける（⇨13.1.1(3)）。

　善意者介在後の悪意の取得者が保護される実質的根拠として，Cが手形をDに譲渡しようと思っても，悪意のDは抗弁の対抗を受けて手形の支払を受けられないのであれば，Dに譲渡できず，善意者Cの権利が制限されてしまうこと，他方，債務者Aは善意者Cの手形取得によって抗弁を対抗できなくなったのだから，善意者Cの利益を犠牲にしてまでAを保護する必要はないこと，があげられる。善意のCを保護することの反射的効果として，悪意のDも保護されるのである。

(3) 相殺と悪意の抗弁

　［事例12-1］において，AがBに対して手形と相殺可能な反対債権を

有していることをＣが知りつつ，Ｂから手形を取得しただけでは，悪意の抗弁は認められない。継続的な取引関係のある当事者間で手形が授受される場合，反対債権の存在することが多いが，この場合に，Ｃは反対債権の存在を知っていれば手形の支払を受けることができないというのでは，ＢはＣに手形を譲渡できず，信用供与に伴う債権の譲渡を容易にするために手形を振り出した趣旨に合致しない。相殺の抗弁を対抗できなくても，Ａは反対債権を行使してその支払を受けることができるから，害されるわけでもない。

　もっとも，Ｂが無資力の場合，Ａは手形との相殺ができない結果，反対債権を回収できずに損害を受けるから，Ｃが反対債権の存在のみならず，Ｂの無資力まで知っていた場合には，Ｃは債務者Ａを害することを知って手形を取得したことになり，悪意の抗弁が認められると一般に解されている。

(4)　融通手形と悪意の抗弁

　[事例12-1]において，ＡがＢの依頼に応じて融通手形を振り出した場合，融通者Ａは被融通者Ｂから手形の支払を請求されても，融通手形であることを理由に手形の支払を拒むことができる（融通手形の抗弁）。しかし，融通手形振出の目的（融通者が手形を割引取得した者に対して手形上の責任を負うことで被融通者に金融を得させる）から，融通者Ａは，手形を割引取得したＣに対しては，Ｃが融通手形であることを知っていたと否とにかかわらず，融通手形の抗弁を対抗することはできない（最判昭和34・7・14民集13巻7号978頁：百選26事件）。つまり，融通手形であることは，被融通者との関係でのみ抗弁となり，その後の手形取得者に対して抗弁として主張できる事由ではない（生来の人的抗弁）。

　もっとも，このことは，融通手形について一切抗弁の対抗が問題とならないことを意味するものではない。被融通者が融通手形に関する合意に反して融通手形を譲渡し，第三者がそのことを知って手形を取得した場合には，融通手形の振出人は悪意の抗弁をもってこれに対抗することができる。たとえば，ＡとＢが相互に融通手形を振り出し合い，それぞれ第三者Ｃ・Ｄから割引を受けて資金を得て，満期に各自が振り出した手形を決済す

■ 12.3　人的抗弁　　139

る，いわゆる交換手形（書合手形ともいう）において，一方が手形を支払わないときは他方も支払わない旨の特約が存する場合に，第三者Dが特約の存在およびB振出の手形②が不渡りとなったこと（または不渡になるべきこと）を知りながら，BからA振出の手形①を取得した場合，AはDの手形金請求に対して悪意の抗弁を主張して，手形の支払を拒むことができる（最判昭和42・4・27民集21巻3号728頁：百選33事件）。

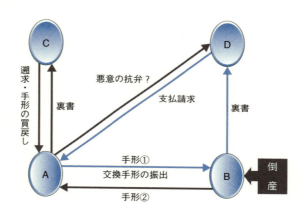

❖ 融通手形の抗弁が問題となるのは？

　融通手形の振出に際して，融通者と被融通者の間で，融通契約とでもいうべき合意がなされる。この合意において，被融通者は当該手形を第三者から手形割引を受けて資金を調達すること，および，被融通者は手形の満期までに，手形決済のための資金を融通者に提供すべきことが合意される。

　合意通りに事が運べば，融通手形は問題なく決済される。問題が生じるのは，

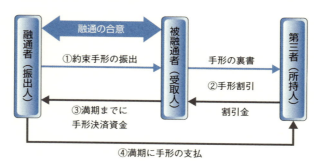

140　■　第12章　善意の手形取得者の保護

被融通者が倒産して融通者に手形決済資金を提供できない場合である。この場合，融通者は被融通者倒産による損失を回避するため，融通手形の抗弁などを主張するのである。融通手形における抗弁の対抗では，融通者と融通手形を割り引いて被融通者に資金を融通した者との，どちらが被融通者倒産による損失を負担すべきかが問題となるのである。

12.3.5 人的抗弁の個別性

[事例12-3] 次の場合に，XはYに対して手形金の支払を請求することができるか。

① AがYを受取人として約束手形を振り出し，YがこれをXに裏書譲渡し，Xが満期に手形を支払呈示したところ，その支払が拒絶された。その後，A・X間で手形の支払を猶予する旨の手形外の合意がなされたが，Xが右支払猶予の期間内にYに対して遡求権を行使した場合。

② YがAを受取人とする約束手形を振り出し，AがXに対して負う債務の支払確保のため手形をXに裏書譲渡したが，その後右債務が完済されて裏書の原因関係が消滅した場合。

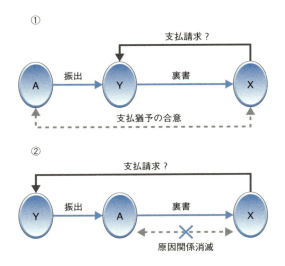

■ 12.3 人的抗弁　141

人的抗弁は，その抗弁事由が存する当事者間だけで問題になるのが原則である（人的抗弁の個別性）。［事例12-3］①の場合，人的抗弁の個別性から，Ｙが，Ａ・Ｘ間の支払猶予の合意を抗弁として主張して，Ｘの手形金請求を拒むことは許されない（大判昭和11・1・18新聞3974号12頁）。遡求義務を履行したＹはＡに対して再遡求することになるが，その場合，ＡはＡ・Ｘ間の支払猶予の合意を抗弁とすることはできない。ＡはＸの契約違反に基づく責任を追及するほかない。

（1）　権利濫用の抗弁　　［事例12-3］②の場合，Ａの裏書は無因行為であり，原因関係の無効・消滅によって影響を受けず，Ｘは手形権利者である。ＸがＡに対して手形金請求をする場合，Ａは原因関係の無効・消滅を抗弁として手形の支払を拒むことができるのみならず，Ｘに対して手形の返還を請求することもできる。しかし，Ｙ自身は手形の支払を拒むことができる抗弁を持っていない。この場合にＹは，Ａ・Ｘ間の原因関係が無効・消滅したことを理由に，Ｘの手形金請求を拒むことができるであろうか。これが，後者の抗弁といわれるものである。

かつての通説は，人的抗弁の個別性から，Ｙは支払を拒むことはできないと解していた。Ｙ自身は抗弁を有していないから，ＸのＹに対する手形金請求を認めても，Ｙは何ら不利益を被らないこと，Ｘが手形の支払を受けることの不当性は，直接の当事者であるＡ・Ｘ間で解決すべき筋合いのものであることを理由としていた。

しかし，Ａに手形を返還しなければならないＸが手形権利を行使できるという結論は，常識に反するように思われる。手形行為を無因としてＸを権利者とするのは，原因関係の当事者でない第三者（その後の手形取得者や支払をする手形債務者）を保護するためであって，無効・消滅した原因関係の当事者であるＸの手形権利の行使を認めるためのものではない。現在の判例・多数説は，手形行為の無因性から生じる不当な結論（Ｘが手形権利を行使できる）を衡平の観点から修正すべきであると考える。

最大判昭和43・12・25（民集22巻13号3548頁：百選36事件）は，［事例12-3］②の事案において，所持人Ｘは「特別の事情のない限り爾後手形を保持すべき何らの正当の権限を有しないことになり，手形上の権利を行使すべ

き実質的理由を失ったものである。しかるに，たまたま手形を返還せず手形が自己の手裡に存するのを奇貨として，自己の形式的権利を利用して振出人から手形金の支払を求めようとするが如きは，権利の濫用に該当し，振出人は，手形法17条但書の趣旨に徴し，手形金の支払を拒むことができる」と判示した。その後，最判昭和48・11・16（民集27巻10号1391頁）は，裏書の原因関係が錯誤により無効であった事案につき，同趣旨の判決をしている。

　もっとも，原因関係が無効・消滅すれば，当然にXの権利行使が権利濫用になるわけではない。Xが「手形を保持すべき何らの正当な権限も有しない」場合に，その権利行使が権利濫用として許されない。たとえば，Xが原因関係上の債務を履行していた場合，XはAからの手形返還請求に対して，引き渡した物の返還と引き換えでなければ手形を返さないことを主張できる。この場合，Xは無条件にAに手形を返還すべき義務を負うものではないため，Xの手形金請求は権利濫用とはならないであろう。

(2) 二重無権の抗弁

[事例12-4] 商品がX→A→Yと転売され，その代金支払のためYはAを受取人とする約束手形を振り出し，Aはこの手形をXに裏書譲渡した。その後，X・A間，A・Y間の各売買契約は合意解除され，右商品はYからXに返還されたが，Xは右手形の返還を拒み，満期にYに対して手形の支払を請求した。Xの請求は認められるか。

　[事例12-4] は，手形の振出および裏書の原因関係がともに無効・消滅しており，二重無権の抗弁が問題となる。最判昭和45・7・16（民集24巻7号1077頁：百選35事件）は，二重無権の場合，「Yは，手形振出の原因関係

消滅の抗弁をもって，……Xにも対抗し，手形債務の履行を拒むことができる」と判示し，権利濫用によることなく，YがAに対して有する人的抗弁をもってXに対抗することができると解して問題を解決した。「人的抗弁の切断を定めた法の趣旨は，手形取引の安全のために，手形取得者の利益を保護する」ことにあるから，本件のように「裏書の原因関係が消滅し，手形を裏書人に返還しなければならなくなっているXは，手形の支払を求める何らの経済的利益も有しないのであり，抗弁切断の利益を享受しうべき地位にはない」ことを理由とする。

12.4　善意取得

無権利者から権利を譲り受けることはできない（権利の譲受人は譲渡人が有する以上の権利を取得することはできない）。しかし，権利の取引が活発に行われる場合，譲渡人が真実権利者であるか否かの調査は容易でないから，この原則を貫くと権利取引の安全を阻害する。そこで，手形取引の安全を図るため，裏書の連続する手形の所持人が権利者と推定される（手16条1項）ことを基礎に，この権利者としての外観を信頼して手形を譲り受けた者は，たとえ譲渡人が無権利者であった場合でも，手形権利を善意取得することが定められる（手16条2項）。

なお，手形法16条2項は「手形を返還する義務を負うことなし」と規定するが，これは，善意取得の効果として，取得者が手形権利を取得し，その反面として，真実の権利者が権利を失うということを，真実の権利者は手形の返還を請求することができないという形で表現したものである。

12.4.1　善意取得の要件

手形法16条2項は，善意取得が認められる要件として，「所持人が前項の規定によりその権利を証明するときは」と規定する。これは，所持人が裏書の連続する手形の所持人であること，つまり，

①裏書の連続する手形を所持する譲渡人から，②手形に特有な譲渡方法によって（裏書によって，または，受取人白地か最後の裏書が白式の手形を交

付によって）手形を譲り受けたこと，を意味する。さらに，但書で，③取得者に悪意・重過失のないこと，が要件とされる。

　手形の善意取得は「事由の何たるを問わず手形の占有を失いたる者ある場合」に認められるから，民法の善意取得とは異なり（民193条・194条参照），盗品・遺失物の場合であっても手形を善意取得することができる。

12.4.2　善意取得によって治癒される瑕疵の範囲

> [事例12-5]　未成年者Ａは，Ｙから振出を受けた約束手形を，法定代理人の同意を得ずに，Ｘに裏書譲渡した。その後，ＡがＸへの裏書を取り消した場合，ＸはＹに対して手形の支払を請求することができるか。

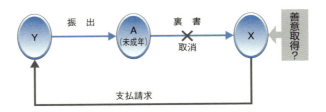

　善意取得は，譲渡人が裏書の連続する手形を所持するとき権利者と推定されることから，この譲渡人の権利者としての外観を信頼して手形を取得した者を保護する制度である（抗弁の切断は裏書の連続を要件としないことと比較せよ）。それ故，善意取得は，裏書の連続する手形を所持する譲渡人が無権利者である場合にのみ認められる。このように解するのが多数説である。

　これに対して，善意取得は，譲渡人が無権利である場合に限らず，意思無能力，行為能力の制限，無権代理，同一性の錯誤（手形の所持人と最後の裏書の被裏書人とが同一人であると誤認した場合）など，譲受人が手形権利を有効に取得できない場合すべてに認められると解する説（無制限説）も有力に主張されている（裏書に錯誤や詐欺などの意思表示の瑕疵がある場合，これらの瑕疵は手形法17条但書の人的抗弁にすぎないと解する判例の立場では，裏書は有効で譲受人は手形権利を有効に取得するから，善意取得によって保護する必要

■ 12.4　善意取得　　145

はないであろう）。無制限説は，手形法16条2項の「事由の何たるを問わず手形の占有を失いたる者」には，自ら無効または取り消しうべき裏書を行って手形の占有を失った譲渡人も含まれるはずであるとし，譲渡人の能力や代理権の有無，同一性は手形の外形から明らかでないから，手形取引の安全のため，これらも善意取得によって保護されると解すべきであると主張する。

　［事例12-5］の場合，善意取得を譲渡人の無権利に限定する多数説によれば，Aの裏書の取消により手形権利はXに移転しないから，Xは無権利者であり手形金の支払を請求できない。これに対して，無制限説によれば，Xは，Aの裏書が取り消しうることにつき悪意・重過失がなければ，善意取得により手形権利を取得し，Yに手形金の支払を請求できることになる。

　無制限説は手形取引の安全を理由にするが，多数説によっても，制限能力者や無権代理人などから直接手形を取得した者は保護されないが，その後の手形取得者は無権利者からの手形取得として善意取得によって保護される。両説の違いは，制限能力者や無権代理人の直接の相手方を善意取得によって保護する必要があると考えるか否かにある。

❖ 無制限説への疑問 ════════════════════

　［事例12-5］で，無制限説によれば，手形を善意取得したXはAに手形を返す必要はない。ところで，AがXに手形を裏書譲渡するには，その原因となった法律関係（たとえば，手形割引契約）がある。Aが行為能力の制限を理由に原因関係を取り消した場合，たとえXがAの制限行為能力について善意・無重過失であっても，AはXに対して手形の返還を請求できる（無制限説は，この場合にもAはXに手形の返還を請求できないと解するのであろうか）。XがAに手形を返還しなければならないのであれば，Xに善意取得を認める実益はどこにあるのだろうか。

────────────────────────────────

　なお，最判昭和35・1・12（民集14巻1号1頁：百選23事件）は，無権代理・無権代表による裏書の場合にも善意取得が成立するかのような表現をしているが，善意取得が問題となる事案ではなかったため，判例が無制限説をとるものであるかは必ずしも明らかでない。

❖ 最判昭和35・1・12への疑問 ════════════

　事案は，A会社のN出張所取締役所長を自称する甲が，Y会社を騙して，Y

146 ■ 第12章　善意の手形取得者の保護

会社からA会社N出張所を受取人とする約束手形の振出交付を受け，右手形に
A会社N出張所取締役所長甲と裏書署名してXに譲渡した，というものである。
これを，A会社が受取人として権利を有する手形を，甲が無権限でXに裏書譲
渡したと解する場合，無権代理・無権代表における善意取得の問題となる。しか
し，甲が勝手にA会社の取締役であると称してY会社を騙し手形の振出交付を
受けても，A会社は手形権利を取得しないであろう。交付契約説によるとき，Y
会社が甲に手形を振り出したことをもって，A会社との間に交付契約が締結され
たと評価することはできない。結局，甲がY会社を騙して振出・交付を受けた
手形を，甲がXに裏書譲渡したと法律構成するほかないであろう。

　善意取得は，署名者に対する手形権利が有効に発生していることを前提に，
その権利が手形の占有を失った権利者と善意・無重過失で手形を譲り受けた者の
いずれに帰属するかをめぐる争いである。しかし，この事案では，Y会社に対す
る手形権利がA会社とXのいずれに帰属するかが争われたのではない。そもそ
もY会社は手形債務を負うかが問題となったのであり，善意取得によって解決
すべき事案ではなかったのである。

12.4.3　取得者に悪意・重過失のないこと

　善意取得が成立するためには，所持人が手形を悪意・重過失なく手形を
取得したことが要件となる（手16条2項但書）。**悪意**とは，譲渡人が無権利
者であることを知っていることであり，**重過失**とは，手形取引上必要とさ
れる注意を著しく欠いたため，譲渡人が無権利者であることを知らないこ
とをいう。裁判実務上，譲渡人の無権利を疑うべき相当の事情があるにも
かかわらず，譲渡人の権利について何らの調査もせず，漫然と手形を取得
した場合に，重過失ありと認定される（最判昭和52・6・20判時873号97頁：
百選24事件）。一面識もない者から手形を取得したことが，当然に重過失と
なるわけではない。譲渡人の素性・信用に不審な点があり，譲渡人が無権
利者ではないかと疑うべき事情が加わるとき，譲渡人の権利について調査
すべき義務があり，その調査を怠れば重過失が認定される。

　重過失の有無を認定するに際して要求される注意義務・調査義務は，手
形取引に関与する者に一般的に要求されるものであり，金融機関や金融業
者などのように日常的に手形取引を行っている者であるからといって，特

■ 12.4　善意取得　　**147**

別な注意義務・調査義務が課されるわけではない（最判昭和47・11・10判時689号103頁）。金融機関・金融業者が，新聞紙上の手形無効広告・盗難広告，あるいは公示催告や除権決定を掲載した官報や業界新聞を調査しなかったことが，当然に重過失となるわけではない。

　取得者に悪意・重過失があり，手形を善意取得していないことの立証責任は，手形の返還を請求する真実の権利者，または手形の支払を拒もうとする債務者の側にある。この場合の取得者も裏書の連続する手形の所持人として，権利者と推定される（手16条1項）からである。

第13章

特殊の裏書

13.1 特殊の譲渡裏書

13.1.1 戻裏書

戻裏書とは，すでに手形上の債務者となっている者（振出人，裏書人，手形保証人，為替手形の引受人）に対してなされる裏書をいう。これに対して，手形債務を負担しない者（支払担当者，為替手形の支払人）に対する裏書は戻裏書ではない。

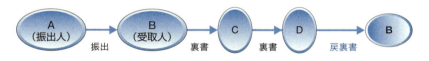

戻裏書の例

戻裏書も，その本質は譲渡裏書であり，通常の譲渡裏書と同様の効力が認められる。戻裏書によってBはDの有する手形権利を承継取得する。ただ，戻裏書にあっては，手形上の権利と義務が同一人に帰属することになるため，その範囲で手形上の権利は混同（民520条）により消滅するのではないかという疑義が生じる。そこで，手形法は，戻裏書によって手形上の権利は消滅しないこと（ただし，約束手形の振出人が戻裏書を受けて満期まで手形を保有しているときは，手形権利は混同により消滅すると解すべきである），および，戻裏書によって手形を再取得した手形債務者も手形をさらに裏書

譲渡できることを明文で規定した（手11条3項）。上の例で，D→Bの戻裏書によって，CおよびDに対する遡求権は消滅せず，Bが手形をEに裏書譲渡すれば，EはCやDに対する遡求権を取得する。

手形債務者（事例のB）が手形を再取得する方法としては，戻裏書のほかに，自己の裏書以後の裏書（B→C，C→D）を抹消するという方法もある。しかし，この方法では，Bがその手形をさらにEに裏書譲渡する場合に，後者の信用（CやDが裏書人として担保責任を負うこと）を利用することはできない。戻裏書が認められることで，手形を再取得した手形債務者が，自己の裏書以後に手形に署名した者の信用を利用して，手形をさらに流通させることが可能となる（戻裏書は，Aから手形の振出を受けたBが，振出後にCやDに隠れた保証のための裏書を行わせる場合に利用されるのが通常であろう）。

(1) **戻裏書と遡求権の行使**　戻裏書も通常の譲渡裏書であり，権利移転的効力，担保的効力，資格授与的効力が認められる。ただ，戻裏書が手形債務者による手形の再取得という面を持つため，遡求権の行使および抗弁の切断に関して特別な扱いを受ける。

戻裏書を受けた者（B）は，自己が手形に署名した後に手形に署名した者（CとD，すなわちBの後者）に対して遡求権を行使することはできない。これを認めても，CやDはBに対して再遡求できるので，無意味な支払の循環と遡求金額の増大が生じるだけだからである。戻裏書を受けた者は，自己が手形に署名したときに既に手形に署名していた者（A）に対してのみ，権利を行使できる。ただし，CやDの裏書が，AがBに対して負う手形債務を保証する趣旨で行われた場合のように，CやDがBに対して

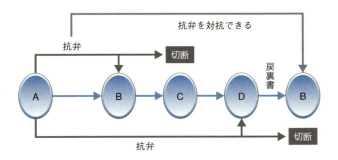

再遡求できないような事情があるときには，支払の循環は生じないため，BはCやDに対して遡求権を行使することができる（最判昭和36・11・24判時302号28頁）。

(2) 戻裏書と人的抗弁　AがDに対抗できる抗弁については，DからBへの戻裏書によって原則通り抗弁の切断が生じる（手17条）。Dが無権利者のとき，Bの善意取得（手16条2項）も認められる。これに対して，AがBに対して有する抗弁については，たとえ，それが善意者CまたはDの介在により切断されても，戻裏書を受けたBは抗弁の対抗を受ける（最判昭和40・4・9民集19巻3号647頁：百選28事件）。Aは，Bからの手形金請求に対して，Bとの間に存する一切の事由を抗弁として主張できるのであり，Bが戻裏書によってDの有する抗弁の切断された手形権利を承継取得したこととは関係しない（人的抗弁の属人性）。

(3) 人的抗弁の対抗につき，信義則上，戻裏書と同視される場合

銀行実務上，銀行が手形を割り引くに際しては，割引依頼人又は割引手形の主債務者に信用悪化など一定の事由が生じた場合，割引依頼人は割引手形を買い戻すべきことが合意される（銀行取引約定書6条。これを**買戻請求権**という）。さらに，銀行は，割引手形の買戻請求権を担保するため，連帯保証人を立てさせる。

割引依頼人AがB銀行から割引手形を買い戻した場合，Aは，振出人Yとの人的関係に基づく抗弁につき，B銀行が善意であっても，その対抗を受ける。これに対して，保証人XがA会社の代表取締役であるような場合には，Xが善意のB銀行の有する抗弁の切断された手形債権を代位取得するから（民501条），YはAに対して有する抗弁をもってXに対抗することはできない。

しかし，XがA会社の代表取締役であるような場合には，Xが善意のB銀行の有する手形権利を代位取得したことを理由に，Xに抗弁切断の利益を認めることは不当なように思われる。最高裁昭和52・9・22（判時869号97頁，金法841号35頁：百選34事件）は，「A会社が代表取締役Xの主宰するワンマン会社ないしは同族会社であって，A会社とXとは密接に経済的利害を共通にする」場合には，「B銀行からXへの裏書は，信義則上，B

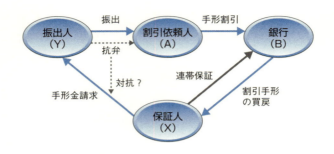

銀行からA会社への戻裏書と同一に評価すべきである」として，Yは，A会社に対する抗弁をもって，Xに対抗することができると判示した。割引依頼人と保証人の間には，何らかの経済的利害の共通性が認められるのが通常であろうから，どの程度の密接な経済的利害の共通性が存すれば，信義則上，戻裏書と同視することができるかが問題となりうるが，これは当該事案の事実関係を総合的に考慮して判断せざるを得ないであろう。

同様の紛争は，YがAのために融通手形を振り出した場合にも生じるが，この場合，Aの無資力による損失を融通者Yと銀行に対する保証人Xとの間でどのように負担させるのが衡平なのかが問題となる。下級審判決には，融通者Yは実質的に見て被融通者である割引依頼人Aの保証人と解することができるとして，保証人が複数いる場合に関する民法465条を類推適用し，XはYに対して手形金額の半額しか請求できないと解する判決がある（東京地判昭和42・4・21下民集18巻3＝4号409頁，大阪地判平成2・11・20金判870号22頁。これに対して，大阪地判平成4・10・28判タ811号190頁は，保証人が被融通者と実質上経済的に一体視できるような利害を共通する関係にある場合には，保証人が融通者に対して手形金の支払を請求することは権利の濫用として許されないと解する）。

13.1.2 期限後裏書

期限後裏書とは，支払拒絶証書作成後（⇨15.3）または呈示期間経過後になされた裏書をいう。満期後の裏書が期限後裏書となるのではない。

手形は指図証券として，満期後はもちろん，呈示期間経過後も，さらに

は，その支払が拒絶された後であっても，裏書によって譲渡することができる。しかし，手形の支払が拒絶され，あるいは本来支払われるべき時期（呈示期間）が経過すれば，手形はもはや流通証券としての使命を終え，流通促進のための特殊な制度はその存在理由を失う。そこで，手形法は，期限後裏書には民法の債権譲渡の効力しか有しないことを規定した（手20条1項）。なお，交換所の交換印が押捺されて不渡付箋がはり付けされ，満期後の支払拒絶の事実が手形面上明らかになった後でも，呈示期間経過前になされた裏書は，期限後裏書ではない（最判昭和55・12・18民集34巻7号942頁：百選60事件）。

(1) **方　式**　期限後裏書もその方式は通常の裏書と全く同じであり，記名式裏書，白地式裏書いずれの方式の裏書も認められる。また，最後の裏書が白地式である場合には，手形の単なる交付によって譲渡することもできる。これは裏書ではないが，期限後裏書と同様に解される。

(2) **効　力**　期限後裏書にも権利移転的効力が認められ，これによって手形上の権利が被裏書人に移転する。しかし，期限後裏書には民法の債権譲渡の効力しか認められないから，抗弁の切断は認められない。もっとも，期限後裏書の時点ですでに切断されていた抗弁については，その対抗を受けることはない。たとえ期限後裏書の被裏書人がその抗弁につき悪意であっても，切断されていた抗弁が復活することはない（最判昭和37・9・7民集16巻9号1870頁）。

期限後裏書には民法の債権譲渡の効力しかないから，裏書人は担保責任を負わない。手形の流通促進を図る必要がないからである。

期限後裏書であっても，裏書の記載がある以上，資格授与的効力は認められる。期限後裏書の被裏書人も，裏書の連続する手形の所持人として権利者と推定される。したがって，手形の支払を拒もうとする債務者の側で，期限後裏書の被裏書人が無権利者であることの立証責任を負う。これに対応して，期限後裏書の被裏書人に手形を支払った債務者は手形法40条3項による免責を受けることができる。しかし，期限後裏書は民法の債権譲渡の効力しか有しないから，善意取得は認められない。

■ 13.1　特殊の譲渡裏書　　153

13.2　特殊の裏書

　裏書が権利譲渡以外の目的で行われることもある。手形法は，手形の譲渡を目的としない特殊の裏書として，取立目的で裏書する取立委任裏書と，手形に質権を設定する目的で行われる質入裏書の2種類の裏書を規定する。

13.2.1　公然の取立委任裏書

　取立委任裏書とは，裏書に「回収のため」「取立のため」「代理のため」など，取立委任であることを示す文言を付記した裏書をいう（手18条1項）。統一手形用紙の裏書欄の「目的」記載欄に「取立のため」など，取立委任であることを示す文言が記載される。手形法は，取立目的を明示して行う取立委任裏書について規定するが，実務上は，取立目的を明示せずに，通常の譲渡裏書の方式によって手形の取立委任をする方法が広く利用されている。取立目的を明示せずになす取立委任裏書のことを隠れた取立委任裏書と呼ぶが，これと区別する意味で，手形法の規定する取立目的を明示して行う取立委任裏書のことを公然の取立委任裏書ということがある。

　(1) 取立委任裏書の効力　取立委任裏書は，裏書人が被裏書人に対して，裏書人のために手形上の権利を行使する代理権を与える目的で行われる。取立委任裏書は，権利移転的効力を有せず，被裏書人に代理権を授与する効力（代理権授与的効力）を有するにとどまる。手形に取立委任裏書がなされた場合，裏書人が手形権利者なのであり，被裏書人は権利者である裏書人の代理人として手形上の権利を行使するにすぎない。

　手形の取立委任は，手形外の代理権授与契約の方法によって行うことも

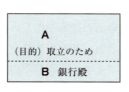

取立委任裏書

できる。しかし，この方法では，代理権を証明するために委任状を交付する必要があり，しかも，代理権の範囲が明確でないため疑義が生じやすく，簡便・迅速かつ確実な手形金の取立という目的を達成できない。そこで，取立委任裏書が利用される。取立委任裏書の記載により，被裏書人には代理人としての資格が認められる。さらに，被裏書人の代理権の範囲が法定される（手18条1項）とともに，裏書人の死亡・行為能力の制限によって取立委任は終了しないことが定められる（同条3項）。この結果，債務者は被裏書人の代理権の有無や範囲を調査する必要がなくなり，簡便・迅速・確実な手形金の取立が可能となる。

（2）　**被裏書人の代理権の範囲（手18条1項）**　　取立委任裏書の被裏書人は，手形より生じる一切の権利を行使する代理権を有する（手18条1項本文）。「一切の」権利とあるから，被裏書人は，裁判外の権利のみならず，裁判上の権利を行使することもできる。たとえば，支払のために手形を呈示し，支払があればそれを受領し，支払が拒絶された場合には，遡求権保全手続をとって裏書人等に対して遡求権を行使できることはもちろん，必要に応じて（裏書人の代理人として）訴えを提起することもできる。しかし，被裏書人は手形権利者ではないから，免除や和解など権利の処分をすることはできない。また，被裏書人は手形権利者ではないから譲渡裏書をすることもできない。ただし，取立委任裏書をすることはできる（同項但書。これは，取立委任裏書を受けた銀行が，当該手形を決済すべき手形交換所に加盟していないときに，交換所加盟銀行に手形の取立を委任する場合（いわゆる代理交換）に利用される）。取立委任裏書の被裏書人がなした裏書は，取立委任であることが付記されていない場合でも，取立委任裏書と解される。

（3）　**人的抗弁（手18条2項）**　　取立委任裏書の被裏書人は，裏書人の権利を代理行使するにすぎないから，債務者は裏書人に対して主張できる一切の抗弁をもって被裏書人に対抗することができる。しかし，被裏書人に対して有する抗弁をもって対抗することはできない（手18条2項）。

（4）　**担保的効力**　　取立委任裏書には権利移転的効力がないことから，担保的効力は認められない。

■ 13.2　特殊の裏書　　**155**

（5）資格授与的効力

①　代理人としての資格　　取立委任裏書の被裏書人は，裏書人の代理人であることの資格が認められる。被裏書人は，手形より生じる一切の権利を行使する代理権を有することが推定され，代理権の有無・範囲を証明することなく，裏書人の代理人として手形上の権利を行使することができる。

②　債務者の免責　　取立委任裏書の資格授与的効力に基づき，債務者は，被裏書人に手形を支払えば，取立委任裏書の無効，あるいは取立委任の解除（撤回）により，被裏書人が代理権を有しない場合でも，債務者は悪意・重過失がない限り，免責される（手40条3項）。

③　善意取得　　善意取得は問題とならない。手形権利の善意取得が問題となり得ないことはもちろんであるが，無権利者から取立委任裏書を受けた被裏書人が代理権を善意取得することもない。

> ❖ 取立委任裏書と形式的資格
>
> 　権利者としての資格に関しては，取立委任裏書は記載がないのと同じ扱いを受ける。YがAを受取人として振り出し，A→B，B→C（取立のため）との裏書記載がある約束手形の場合，B→Cの取立委任裏書によって，CはBの代理人としての資格が認められる。しかし，裏書の連続によって権利者と推定されるのはBである。権利者としての資格に関しては譲渡裏書の記載だけが意味を持ち，取立委任裏書の記載は裏書記載がないのと同じ扱いを受ける。それ故，裏書人Bは，手形を回収して手形を所持すれば，B→Cの取立委任裏書を抹消しなくても，裏書の連続する手形の所持人として権利者と推定される。

（6）裏書人と被裏書人の関係

　取立委任裏書の裏書人と被裏書人の間には，取立委任裏書を行う基礎となった法律関係が存在する。通常は，手形金の取立を目的とする委任契約であろう。裏書人と被裏書人の間の権利義務関係は，この原因関係である契約によって定まる。取立委任裏書の当事者は，この契約によって代理権の範囲を定めることができるが，このような合意は手形外の合意として当事者間でのみ効力が認められるにすぎない（手18条1項参照）。

　被裏書人が手形金の取立に関して裏書人に対してどのような義務を負うかも，原因関係である契約によって定まる。たとえば，手形が支払拒絶さ

れた場合，被裏書人は必要に応じて手形金請求訴訟を提起する権限を有するが，特段の合意がない限り，手形金請求訴訟を提起すべき義務を負うものではない。なお，白地手形の取立委任を受けた銀行は，白地を補充すべき義務を負わない（当座勘定規定 1 条 2 項。最判昭和55・10・14金判610号 3 頁）。

(7) **取立委任文句の抹消による裏書譲渡**　取立委任裏書の後，当事者間で当該手形を裏書譲渡することが合意されることがある。この場合，当事者は，あらためて譲渡裏書をする代わりに，取立委任文句を抹消して取立委任裏書を通常の譲渡裏書に変更することができる。この場合，手形行為の文言性から，取立委任文句が抹消された時に，譲渡裏書としての効力が生じる（最判昭和60・ 3 ・26判時1156号143頁：百選56事件）。

13.2.2　隠れた取立委任裏書

取立委任の目的をもって通常の譲渡裏書が行われた場合を隠れた取立委任裏書という。隠れた取立委任裏書が利用されるのは，単に取立目的であることを明らかにしたくないという場合もあろうが，一般的には，被裏書人に手形金の取立権限だけでなく，満期前に資金を回収するために手形割引を受ける権限も付与することを目的とする場合，あるいは取り立てた手形金を裏書人が被裏書人に対して負う債務の弁済に充当すること（いわゆる代理受領）を目的とする場合に，隠れた取立委任裏書が利用されると考えられる。

(1) **隠れた取立委任裏書の法的性質**　隠れた取立委任裏書の法的性質については，取立委任という実質と，譲渡裏書という形式のいずれを重視するかによって，信託裏書説と資格授与説との学説上の争いがある。

信託裏書説は，譲渡裏書という形式を重視し，手形上の権利は信託的に被裏書人に譲渡されるから，手形上の権利はすべて被裏書人に移転し，取立委任の合意は当事者間の人的抗弁事由となるにすぎないと解する。

これに対して，資格授与説は，取立委任という実質を重視して，隠れた取立委任裏書によって手形権利は被裏書人に移転せず，裏書人が権利者であり，裏書人は，被裏書人に手形上の権利者たる資格とともに，自己の名をもって裏書人の手形上の権利を行使する権限を授与するにすぎないと解

■ 13.2　特殊の裏書　　**157**

する。

　いずれの説によるかで，①手形債務者が主張できる抗弁，②被裏書人が義務に違反して手形を裏書譲渡した場合の取得者の保護，③被裏書人が破産した場合に裏書人の取戻権の有無，などについて結論が異なってくるといわれる。もっとも，実際には（特に，信託裏書説をとることから生じる）不当な結論を修正するべくさまざまな理論的修正が行われており，現在では，実際上の結論において大きな差異が存するわけではない。判例（最判昭和31・2・7民集10巻2号27頁：百選53事件，最判昭和44・3・27民集23巻3号601頁：百選59事件）・多数説は，信託裏書説をとる。

　なお，訴訟行為を行わせることを主たる目的として隠れた取立委任裏書をなすことは，訴訟信託を禁止する信託法10条に違反し，「単に手形外における取立委任の合意がその効力を生じないのにとどまらず，手形上の権利の移転行為である裏書自体も無効であり，被裏書人は手形上の権利を取得しえない」（前掲最判昭和44・3・27）。

　(2)　隠れた取立委任裏書の資格授与的効力　　隠れた取立委任裏書に資格授与的効力があること，したがって被裏書人は権利者としての資格に基づいて，自己の名で権利行使できることに異論はない。また，裏書人は，被裏書人から手形を回収すれば，自ら権利を行使し，あるいは，手形を裏書譲渡することができるが，隠れた取立委任裏書の記載を抹消するのでなければ，裏書の連続を欠くこと（前掲最判昭和31・2・7）も争いがない。

　(3)　人的抗弁の対抗

　①　裏書人に対する抗弁　　資格授与説によれば，被裏書人は裏書人の有する手形権利を自己の名で行使しているにすぎないから，公然の取立委任裏書の場合と同様に，債務者は裏書人に対して主張することができる抗弁をもって被裏書人に対抗することができるが，被裏書人に対して有する抗弁をもって対抗することはできないことになる。

　これに対して，信託裏書説を純粋に貫けば，隠れた取立委任裏書にも手形法17条による抗弁の切断が認められるように思われる。しかし，信託裏書説も，被裏書人には固有の経済的利益がないから抗弁切断の利益を受けることはできない，あるいは，隠れた取立委任裏書の当事者間では，手形

158　■　第13章　特殊の裏書

上の権利は実質的には被裏書人に移転することなく依然裏書人に帰属する（最判昭和39・10・16民集18巻8号1727頁）ことを理由として，債務者は裏書人に対する抗弁をもって被裏書人に対抗できると解する。

② **被裏書人に対する抗弁**　信託裏書説は，債務者は，隠れた取立委任裏書であることが明らかになった後でも，被裏書人に対して有する抗弁を主張することが許される（裏書人は，譲渡裏書の形式を選んだことによる不利益を被ってもやむを得ない）と考えるようである。もっとも，取立委任の実質を理由に裏書人に対する抗弁を主張すると同時に，譲渡裏書の形式を理由に被裏書人に対する抗弁を主張するという，相反する主張を債務者に許す必要はないから，債務者はどちらか一方の抗弁を主張することが許されるのであろう。

(4)　**取立委任の解除**　取立委任が解除された場合，資格授与説によれば，債務者は被裏書人の無権限を理由に手形の支払を拒むことができる。被裏書人に手形を支払った債務者は，手形法40条3項によって保護される。

これに対して，信託裏書説によれば，取立委任の解除は原因関係の解除にすぎないから，当事者間に手形返還義務が生じるにすぎず，被裏書人が手形権利者であることに変わりはない（大判大正14・7・2民集4巻388頁）。ただし，判例によれば，手形を裏書人に返還すべき義務を負う被裏書人が，手形を保持していることを奇貨として手形権利を行使することは，権利濫用として許されないことになろう。

(5)　**被裏書人が手形を裏書譲渡した場合の取得者の保護**　隠れた取立委任裏書の被裏書人が手形を裏書譲渡することは，当事者間でそれを許す旨の特段の合意がない限りできない。これに違反して手形が裏書譲渡された場合，資格授与説によれば，その後の手形取得者の保護は善意取得（手16条2項）によることになる。

これに対して，信託裏書説によれば，被裏書人は手形権利者であるから，手形の裏書譲渡によって取得者は手形権利を承継取得し，取立委任に関する義務違反として手形法17条の人的抗弁が問題となる。

(6)　**担保的効力**　取立委任裏書の裏書人は，被裏書人に対して担保責任を負わない。ただし，手形が第三者に裏書譲渡された場合，裏書人は，

■ 13.2　特殊の裏書　**159**

信託裏書説では手形法17条の悪意のない手形取得者に対して，資格授与説では手形の善意取得者に対して，実質が取立委任であり担保責任を負わないことを対抗できなくなる。

(7) **被裏書人が破産した場合**　被裏書人が破産した場合，資格授与説によれば，手形権利者は裏書人であるから，裏書人は取戻権（破62条）を有することになる。

これに対して，信託裏書説を純粋に貫けば，手形権利は被裏書人に移転しているから，裏書人は取戻権を有しないことになる。しかし，信託裏書説の中には，裏書人に取戻権を認めるべきか否かは，手形法上の問題というより破産法上の問題であるから，当事者間の実質関係に従って，裏書人に取戻権を認めるべきであると解する説も有力である。

(8) **裏書人の破産**　裏書人が破産した場合，資格授与説によれば，手形は裏書人の破産財団に属することになる。これに対して，信託裏書説によれば，手形権利は被裏書人に移転しているのだから，手形は裏書人の破産財団には属しないことになりそうである。しかし，信託裏書説の中には，被裏書人破産の場合と同様に，この結論は不当であるとして，手形は裏書人の破産財団に属することを認める説がある。

資格授与説によれば，裏書人の破産により当然に被裏書人は無権限となる（民653条参照）。これに対して，信託裏書説を純粋に貫けば，裏書人が破産しても，被裏書人が手形権利者であることに変わりはない。ただ，その原因関係である取立委任は，委任者である裏書人の破産により当然終了する（民653条）から，取立委任が解除された場合と同様に解されることになろう。

13.2.3　銀行への取立委任裏書と裏書人の破産

銀行取引約定書は，顧客が「銀行に対する債務を履行しなかった場合には，銀行の占有している顧客の手形等を銀行が取立ることができる」こと（同法4条4項），および「取立金……を債務の弁済に充当できる」ことを定める（同条3項）。そこで，銀行が取立委任裏書（公然の取立委任裏書または隠れた取立委任裏書）を受けた後で裏書人が破産した場合，銀行は手形取

160　■ 第13章　特殊の裏書

立金を裏書人に対する貸付債権の弁済に充当することができるかが問題となる（裏書人は，支払の停止や破産の申立などがあったとき，右貸付金につき期限の利益を喪失する。銀行取引約定書 5 条 1 項）

（1） **取立委任手形に商事留置権が成立しない場合**　　この場合，銀行が裏書人の破産手続開始後に取り立てた手形金を貸付金の弁済に充当することは，破産法71条 1 項 1 号の定める相殺の禁止に当たり許されない。それ故，貸付金の弁済に充当できる手形取立金は，裏書人の破産手続開始前に取り立てた手形に限られる。

　最判昭和63・10・18（民集42巻 8 号575頁：百選58事件）は，銀行が破産の申立・支払の停止を知る前に，手形取立金を債務の弁済に充当できる旨の合意のもとに手形の取立委任を受けた場合には，破産法71条 2 項 2 号の「知った時より前に生じた原因」に基づき債務（手形取立金引渡義務）を負担したものにあたると解して，手形取立金の貸付債権の弁済への充当を認めた。手形取立金引渡義務との相殺によって貸付債権を回収できるとの銀行の期待を保護すべきことを理由とする。

（2） **取立委任手形に商事留置権が成立する場合**　　前掲最判昭和63年の事案では，取立委任を受けた銀行が信用金庫であったため，商人間の留置権（商521条）は認められなかった。これに対して，裏書人と銀行とが共に商人である場合には，銀行は取立委任手形につき商人間の留置権を有する。商事留置権は債務者の破産により特別の先取特権とみなされて別除権が認められる（破66条・65条）ことから，銀行が裏書人の破産手続開始後に手形を取り立てて，その取立金を貸付金の弁済に充当することが許されるかが問題となる。

　最判平成10・7・14（民集52巻 5 号1261頁：百選93事件）は，破産管財人に対する関係においては，商事留置権の留置的効力は債務者の破産により消滅しないこと，および，破産手続開始後においては，商事留置権は特別の先取特権とみなされて優先弁済権が認められるのであるから，他に特別の先取特権を有する者がいない限り，銀行は，約定書 4 条 4 項による合意に基づいて，手形を手形交換所を通じて取り立て，その取立金を債権の弁済に充当することが許される，と判示した。また，最判平成23・12・15

■ 13.2　特殊の裏書　　**161**

（民集65巻 9 号3511頁：百選94事件）は，民事再生手続についても，「商事留置権を有する銀行は，…再生手続開始後の取立に係る取立金を…銀行取引約定に基づき…債務の弁済に充当することができる」ことを判示した。

13.2.4　質入裏書

　質入裏書とは，手形上の権利に質権を設定する目的で，手形に「担保のため」「質入のため」その他質権の設定を示す文言を記載して行う裏書である（手19条）。実際には，質入裏書は利用されず，担保を設定する目的で通常の譲渡裏書を行う譲渡担保が利用される。

　（1）　**質入裏書の効力**　　質入裏書の被裏書人は，裏書人の有する手形上の権利の上に質権を取得し，手形より生ずる一切の権利を行使することができる（手19条 1 項本文）。したがって，民法366条の適用はなく，被裏書人は，被担保債権の債権額やその弁済期のいかんにかかわらず，手形の満期に手形金額の全額につき権利行使して，その取立金を被担保債権の優先弁済に充てることができる。もっとも，被裏書人は，被担保債権額を超過する手形金を裏書人に返還しなければならず，また，被担保債権の弁済期前に手形を取り立てた場合，取立金を供託しなければならないと解される。

　被裏書人は，質権に基づき手形権利を行使することができるが，手形権利者ではないから，手形の裏書譲渡あるいは権利の放棄や免除などの手形権利の処分を行うことはできない。質入裏書の被裏書人のした裏書は，取立委任裏書としてのみ効力を有する（手19条 1 項但書）。

　（2）　**抗弁の切断・善意取得**　　手形債務者は，被裏書人に手形法17条の悪意がない限り，裏書人に対する人的抗弁をもって被裏書人に対抗することができない（手19条 2 項）。ただし，手形金額のうち被担保債権額を超える部分は取立委任としての実質を有するから，債務者は裏書人に対する抗弁を抗弁することができる。質入裏書の裏書人が無権利者であった場合，被裏書人は手形権利に対する質権を善意取得する（手16条 2 項）。

　（3）　**担保的効力**　　質入裏書にも担保的効力が認められる。

　（4）　**資格授与的効力**　　質入裏書にも質権者としての資格授与的効力が認められ，被裏書人は裏書の連続する手形を所持することに基づき，実

162　　■ 第13章　特殊の裏書

質関係を証明することなく，手形の支払を求めることができ，債務者もその者に支払を行えば免責される（手40条3項）。

第14章

手形の支払

　約束手形の所持人は，満期に，振出人に対し手形金の支払を請求することができる。この請求に対して振出人（またはその支払担当者）が支払をすれば，すべての手形債務が消滅する。これに対して，手形の支払が拒絶された場合には，後述の遡求（⇨第15章）が生じることになる。

14.1　支払のための呈示

14.1.1　支払と支払呈示

　手形債務は取立債務であり，その支払を受けるためには，所持人が手形を呈示して支払を求めなければならない（手38条1項。裏書禁止手形であっても支払呈示が必要である）。これを支払呈示という。債務者に誰が権利者かを確知させ，債権者の権利資格と手形の真正さ，署名の真正さを確認できるようにするとともに，支払と引換に手形を受け戻すことによって二重払いの危険を回避させるためである（最判昭和41・4・22民集20巻4号734頁：百選72事件）。なお，白地を補充せずに白地手形のまま呈示しても適法な支払呈示とはならない。

　支払呈示には，①主たる債務者を遅滞に付する効力（付遅滞効：民520条の9。裁判上の請求に関して，最判昭和30・2・1民集9巻2号139頁は，手形の呈示がなくても訴状送達の日から債務者は遅滞に陥ると解するが，学説の多数は反対），および，②遡求権を保全する効力（遡求権保全効：手46条2項・53条1項3号）が結びつけられている。このほか，支払呈示には，③時効の完成

164

猶予の効力も認められるが，そのためには手形の呈示は必要でない（最判昭和38・1・30民集17巻1号99頁：百選76事件・通説）。

14.1.2　支払呈示の時期

支払呈示をなすべき期間を**支払呈示期間**という。確定日払手形，日付後定期払手形，一覧後定期払手形の支払呈示期間は，支払をなすべき日（⇨9.3.4）およびそれに次ぐ2取引日である（手38条1項）。一覧払手形の場合は，支払呈示の日が支払をなすべき日となり，その支払呈示期間は，原則として，振出日から1年間である（手34条1項）。

振出人との関係では支払呈示期間に意味はなく，手形債権が時効により消滅しない限り，呈示期間経過後でも支払呈示することができる。ただし，呈示期間内に支払呈示をすれば，付遅滞の効果は呈示の時ではなく満期に遡って認められる（手28条2項・48条・49条）。

裏書人およびその保証人に対する遡求権を保全するためには，支払呈示期間内に手形を支払呈示することが必要である（⇨15.3）。

14.1.3　支払呈示の場所

> ［事例14-1］　支払場所の記載された手形の所持人が，支払呈示期間内に支払呈示することを怠った場合，どこで支払呈示しなければならないか。

（1）**支払呈示期間内**　手形に支払場所の記載があれば，そこで支払呈示しなければならない。銀行を支払場所とする手形は，通常，手形所持人から取立委任を受けた銀行によって手形交換所で呈示される。そこで手形法は，手形交換所における呈示は適法な支払呈示であることを定める（手38条2項）。

支払場所の記載がない場合には，手形に記載された支払地内にある債務者の営業所（営業所がなければ住所）で，支払呈示しなければならない（民520条の8）。もっとも，被呈示者の同意があれば，上記以外の場所でなされた支払呈示も有効である。

（2）**支払呈示期間経過後**　支払場所の記載がある手形を呈示期間内

■ 14.1　支払のための呈示　**165**

に支払呈示することを怠った場合［事例14-1］につき，最判昭和42・11・8（民集21巻9号2300頁：百選67事件）は，「支払場所の記載は支払呈示期間内にのみ効力を有し，支払呈示期間経過後は，本則に立ちかえり，支払地内における手形の主債務者の営業所・住所で手形を支払呈示することを要する」と判示した。「手形は支払呈示期間内における支払をたてまえとし，それを予定して振り出されるから，支払場所の記載もまたかかる手形の正常な経過における支払を前提としてなされるものと解される」からである。

なお，支払場所の記載とは異なり，支払地の記載は手形要件であり，為替相場（手52条）や裁判管轄（民訴5条2号）を決定する基準となっていることから，呈示期間経過後もその効力は失われない。

❖ **呈示期間経過後の支払呈示と銀行実務** ══════════════
　前掲昭和42年最高裁判決を受けて，当座勘定規定7条1項は，銀行は「手形が呈示期間内に支払のため呈示された場合」にのみ支払をなすことを定める。なお，銀行実務では，呈示期間を徒過した手形が手形交換所を通じて支払呈示された場合，呈示期間経過後であることを理由に直ちに不渡返却することなく，支払担当銀行が振出人に手形を支払う意思の有ることを確認したうえで支払を行っているから，呈示期間を徒過した手形の所持人としては，事前に振出人に連絡しておけば手形交換所を通じて手形を呈示して支払を受けることができる。

───

14.2　支払の方法

14.2.1　金銭の支払・一部支払

約束手形の振出人は，手形に記載された金額に相当する金銭を支払わなければならない。支払に用いるべき通貨の種類については，振出人が選択できる（民402条1項参）。手形金額が外国通貨（たとえば，米ドル）で表示されている場合でも，特殊の通貨で支払うべき旨（外国通貨現実支払文句：手41条3項）を特に記載しない限り，振出人は，満期の日の相場で換算した日本円で支払うことができる（同条1項前段）。ただし，振出人が支払を

166　■　第14章　手形の支払

遅滞した場合は，所持人は，日本円への換算に関して，満期の日と現実の支払の日の，いずれの日の相場によるかを選択することができる（同項後段）。振出人が相場の変動による為替差益を得る目的で，故意に支払を遅らせることを防止する趣旨である。

一般原則と異なり，所持人は一部支払を拒むことができない（手39条2項）。一部支払を認めても所持人は残額について遡求することができるから不利益はなく，支払のあった分だけ遡求金額が減少して遡求義務者の利益となるからである。したがって，呈示期間内に支払呈示がなされず，遡求の生じないことが確定した場合には，このような遡求義務者の利益を考慮する必要はなく，原則通り，所持人は一部支払の受領を拒むことができる。

14.2.2 受戻証券性

手形金額全額の支払をなす者は，所持人に対して，支払と引換に手形に受取を証する記載をして，手形を交付すべきことを請求することができる（手39条1項。受戻証券性）。債務者が当該手形を支払ったことの証明を容易にさせ，支払をなした債務者が二重に手形の支払を強制される危険を防止することにある。

一部支払の場合，所持人は残額につき遡求権を行使するために手形が必要となるから，一部支払をした者は手形の返還を求めることはできないが，二重払の危険を防止するため，一部支払があったことを手形に記載し，かつ，受取証書を交付すべきことを請求することができる（同条3項）。

相殺と手形の受戻し　手形債務は相殺によっても消滅する。振出人が，手形所持人に対して有する反対債権と手形債務とを相殺する場合，相殺の意思表示だけで相殺することができ，手形の受戻しを要しない（最判平成13・12・18判時1773号13頁：百選100事件）。ただし，手形を受け戻しておかないと，善意の手形取得者（期限後裏書の場合を除く）に対して支払ずみであることを対抗できず，二重払いを余儀なくされる危険がある（⇨12.3.1）。

これに対して，手形所持人が振出人に対して負う反対債務と手形債権とを相殺する場合には，原則として，手形の交付が相殺の効力要件になる（大判大正7・10・2民録24輯1947頁。手形貸付における貸金債権や手形割引にお

ける割引手形の買戻請求権を自働債権として相殺する場合も，手形の交付が必要である。最判昭和50・9・25民集29巻8号1287頁：百選92事件）。このように解しないと，振出人は二重払いの危険を負うことになるからである。もっとも，当事者間で，相殺に際して手形の交付を不要とする旨の合意をすることは，契約自由の原則により認められる。銀行取引約定書8条3項（銀行が顧客に対して負う預金債務との相殺が念頭に置かれる）は，一定の場合に，手形の呈示・交付を不要とする旨が定められている。なお，相殺済手形の返還につき，顧客が銀行まで取り立てることが合意されるが（約定書8条2項・3項），その返還については先に述べた商事留置権の成否が問題となろう（⇨13.2.3）。

14.3　振出人の免責

> [事例14-2]　Aは，Bに対して負う債務の支払のため，Bを受取人とする約束手形を振り出した。その後，AはBから，「手形にCを被裏書人とする裏書をしたが，Cへの交付前に何者かによって盗取された。Cの裏書署名のある手形が支払呈示されても，その署名は偽造によるものなので支払わないでもらいたい」旨の申し入れを受けた。
>
> 　満期に，Cを被裏書人とするBの裏書に次いで，Cの白地式裏書の記載のある手形が支払呈示された場合，Aは手形を支払ってよいか。

14.3.1　迅速な支払の確保

　債務者は権利者（または権利者から弁済受領権限を与えられた者）に弁済しなければならず，無権利者に支払っても免責されないのが原則である。債務者は，本来，請求者が権利者であるか否かを自己の責任で調査しなければならない。しかし，裏書により流通する手形にあっては，債務者が所持人の権利につき調査することは容易ではないから，この原則を貫くと，手形の迅速な支払は保障されず，手形取引の円滑を期すことができない（民法478条による免責は，債務者が善意でかつ過失のないこと，すなわち，取引上要

168　■第14章　手形の支払

求される調査義務を尽くしたことを要件とする。裏書により譲渡される手形にあっては、債務者がこのような調査義務を尽くすことは容易ではない）。

そこで、手形法は、裏書の連続する手形の所持人を権利者と推定して手形所持人の簡便な権利行使を図ると同時に、債務者が裏書の連続により権利者と推定される所持人に対して支払をなせば、所持人が真の権利者でない場合でも、「悪意または重大な過失」がない限り免責されることを定めた（手40条3項）。

❖ **債務者の調査権**

民法520条の10は、指図証券の所持人に対する弁済につき、手形法40条3項と同様、悪意・重過失のない債務者の免責を定めている。しかし、同条は、債務者に「証券の所持人並びにその署名及び押印の真偽を調査する権利」を認めており、債務者はその調査に必要な期間は履行遅滞の責を負わないという不都合のあることが指摘されている。

手形法40条3項は、支払をなす者は、「裏書の連続の整否を調査する義務あるも、裏書人の署名を調査する義務なし」と規定して、債務者は形式的な裏書連続の有無という手形の記載から明らかな事項についてのみ調査すればよいことを明らかにしているが、債務者の調査権については何も述べていない。しかし一般には、債務者が調査権に名を借りて支払を遅らせることができるとすれば、手形の迅速な支払を確保しようとした手形法40条3項の立法趣旨に反するから、裏書連続の整否という手形の記載から明らかな事項以外のものについては、債務者は調査権も有しないと解されている。

14.3.2 免責の要件

（1）満期における支払 手形法40条3項は「満期において支払をなす者」の免責を規定するが、満期における支払のみならず、支払呈示期間内の支払、さらには呈示期間経過後の支払についても手形法40条3項による免責が認められる。いずれの場合も、同条2項の定める満期前の支払とは異なり、手形債務者は手形の支払を強制されており、適時に手形を支払わなければ履行遅滞の責めを負う債務者を保護するため、広範な支払免責を認める必要があるからである。

（2）裏書の連続 手形法40条3項は、支払をなす者は、裏書人の署

名が実質的に有効か否かを調査する義務はないが，裏書の連続が形式的に整っているか否かを調査する義務を負うと定める。これは，同条の定める免責は，裏書の連続する手形の所持人に対して支払をした場合に適用されることを示すものである。裏書の連続する手形の所持人は権利者と推定されるから（手16条1項），手形法40条3項の定める支払免責は形式的資格の当然の効果である。[事例14-2]では，手形の記載上，裏書は連続しているから，Aは「悪意・重過失」がない限り，手形を支払って免責される。

　裏書の連続を欠く場合でも，所持人が裏書の断絶部分につき実質的権利移転の事実を証明すれば裏書の連続が架橋され（いわゆる架橋説⇨11.3.5），債務者は支払を拒絶できないから，債務者保護のため手形法40条3項を類推適用すべきであると解するのが学説の多数である。しかし，裏書の連続を欠く以上，権利推定は働かない（所持人は自己の権利を証明しなければならない）から，40条3項を類推適用するとしても，通常の意味での「悪意・重過失」があれば債務者は免責されないであろう。裏書の連続を欠く場合，債務者は指図証券に関する民法520条の10により免責されると解する説と，結果において差はないであろう。

(3)　**悪意・重過失のないこと**　　手形法40条3項にいう「悪意」とは，善意取得（手16条2項）における通常の意味の悪意とは異なり，所持人の無権利を知っているだけでは足りず，その無権利を立証できる確実な証拠方法があるにもかかわらず，あえて手形を支払ったことを意味する（最判昭和44・9・12判時572号69頁：百選70事件）。また，「重大な過失」とは，僅かの注意を払えば，所持人の無権利を確実に立証して支払を拒むことができたにもかかわらず，このような注意義務を果たさずに手形を支払ったことをいう。

　手形法40条3項の悪意・重過失につき，立証可能性が要求されるのは次の理由による。裏書の連続する手形の所持人は権利者と推定されるから，手形債務者は，所持人が無権利であることを知っていても，それを立証することができなければ手形の支払を拒むことはできない（訴訟になれば敗訴する）。このような立場にある手形債務者を保護し，手形の迅速な支払の要請に応えるため，債務者が所持人の無権利を立証できる手段を有しない

170　■　第14章　手形の支払

限り，40条3項の支払免責が認められるのである。さらに，所持人の無権利を疑わせる証拠はあるが，立証できるかどうかが不確かな場合，その判断に伴うリスクを手形債務者に負担させるべきではないから，所持人の無権利を立証できる「確実な」証拠方法を有していることが要求される。

［事例14-2］では，Aは，手形所持人の無権利（手形の盗取後，現在の所持人に至るまで，誰も手形を善意取得していないこと）を確実に立証できることにつき悪意・重過失がない限り，手形を支払って免責される。

（4）　手形法40条3項の適用範囲

> ［事例14-3］　AはBを受取人とする約束手形を振り出した。満期に，Cを被裏書人とするBの裏書が記載された右手形が支払呈示された。
> ①　手形の所持人が，自分がCだと主張して手形の支払を請求している場合，Aは手形を支払ってよいか。
> ②　手形の所持人が，Cの代理人だと主張して手形の支払を請求している場合はどうか。

手形法40条3項の免責が，所持人が無権利であるため，支払が弁済としての効力を有しない場合に適用されることに異論はない。これに対して，同一性（手形の記載上権利者とされる者と手形を所持する者が同一人であること，［事例14-3］①。もっとも，支払担当銀行は店頭払いを行わないから，実際には生じないであろう）や無権代理（［事例14-3］②）に関して手形法40条3項が適用されるかにつき，学説上争いがある（手形所持人に破産手続が開始されて弁済受領権限を有しない場合，破産法50条1項により善意弁済は有効とされる。破産手続開始決定があった事実は容易に証明できるから，手形法40条3項を適用する説と結論において差はないであろう）。もっとも，最後の裏書が白地式裏書の場合，手形を所持する者が権利者と推定されるから，同一性や無権代理の問題は生じない。

所持人の同一性や無権代理にも，迅速な支払を確保するため，手形法40条3項の適用を認めるのが多数説である。受領権者としての外観を有する者に対する弁済（民478条）は，債権者の代理人と称する者に対する支払にも適用されること，および，指図証券に関する民法520条の10が「証券の

■ 14.3　振出人の免責　　**171**

所持人」につき「調査する権利を有するが，その義務を負わない」と定めていること（証券の所持人についての調査とは，同一性の調査をいう）からすれば，満期における迅速かつ円滑な支払が強く要求される手形にあっても，債務者は「悪意・重過失」がない限り免責されると解すべきであろう（手形は裏書によって譲渡され，債務者にとって面識のない者が手形の所持人として支払請求をしてくることがある。所持人の同一性につき厳格な調査義務を債務者に課すと，満期における手形の迅速な支払が確保されず，手形の利用に対する障害となる。それ故，所持人の同一性につき，特に疑うべき事情が存しない限り，債務者は手形を支払って免責されることを認める必要がある）。しかし，Cを最終の被裏書人とする手形を所持する者がCであることやCの代理人であることが，裏書の連続によって推定されるわけではない。債務者は，手形の支払に際して，同一性や代理権の証明を要求できる。それ故，立証可能性を問題とする40条3項の特殊な意味での「悪意・重過失」ではなく，通常の意味での「悪意・重過失」があれば，債務者は免責されないと解すべきであろう。したがって，[**事例14-3**] ①と②の場合，債務者は，同一性や代理権について（重過失とならない程度の）調査義務があることになる。

(5) **満期前の支払**　　満期前には，所持人は支払を請求することができないのはもちろんであるが，支払を受けることも強要されない（手40条1項）。所持人は満期まで手形を流通させることについて利益を有するからである。振出人は，一方的に期限の利益を放棄する（民136条参照）ことはできず，満期前に弁済するには所持人の同意が必要となる。この場合，迅速な支払を確保する必要はないから，40条3項は適用されず，振出人は自己の危険において支払をすることになる（手40条2項）。したがって，所持人が無権利者であれば，振出人は免責されず，真実の権利者に対して支払をしなければならない（学説には，この場合に振出人が戻裏書（⇨13.1.1）を受ければ手形を善意取得できることとの対比から，満期前の支払についても16条2項を類推して，悪意・重過失がない限り，振出人は無権利者に対する支払により免責されると解する説が多い）。

(6) **呈示期間経過後の支払**　　主たる債務者である振出人は，呈示期間内に手形が支払呈示されなかった場合でも，手形が時効にかかるまでは

172　■ 第14章　手形の支払

責任を負う。呈示期間経過後に支払呈示があった場合（支払呈示の場所につき⇨14.1.3），呈示の時から履行遅滞に陥る（民520条の9）。呈示期間経過後の支払にも，40条3項の支払免責が認められる（⇨14.3.2(1)）。

なお，呈示期間内に支払呈示がない場合，振出人は，所持人の費用と危険において手形金額を供託して，その債務を免れることができる（手42条）。供託の手続は，民法495条および供託法の規定による。

14.3.3 遡求義務者による支払

手形法40条3項の「満期において支払をなす者」が，手形の主たる債務者である約束手形の振出人，為替手形の引受人を指すことは明らかであるが，遡求義務者による支払についても，支払義務に基づく手形の支払であるから，手形法40条3項が類推適用される。この場合，遡求義務者は無権利者への支払により免責されるだけでなく，振出人および前者である裏書人に対する手形上の権利を取得して再遡求することができる（その反面として，真の権利者はその権利を失う）。

14.3.4 支払担当者による支払

(1) **支払担当者による支払と振出人の免責** 実際に流通する手形には振出人の当座取引銀行が支払場所として記載され（⇨2.4.1），支払担当銀行を通じて手形は支払われる。支払担当銀行による手形の支払は，振出人からの手形支払事務の委託に基づいてなされるものであり，法的には振出人による支払として，手形法40条3項による免責が振出人に認められる。

(2) **支払担当者と振出人との関係** これに対して，手形債務者ではない支払担当銀行については，40条3項の免責は問題とならない。支払担当銀行は，振出人との間の支払委託契約（準委任）に基づき，支払の結果を振出人の計算に帰せしめ，支払資金を振出人の当座勘定から引き落とすことができる（民650条）。たとえ無権利者に支払った場合でも，手形法上有効な支払として振出人が免責される場合（手40条3項），支払担当銀行は当座預金から引き落とすことができる。

■ 14.3 振出人の免責 **173**

❖ 無権利者への支払と支払委託

　無権利者への支払を振出人から委託された支払事務の処理と考えることに疑問を感じるかもしれない。しかし，支払担当銀行が支払を拒絶しても，所持人の無権利を証明することができなければ，振出人は敗訴して手形の支払を余儀なくされるのだから，支払担当銀行の支払により振出人が40条3項により免責される場合，委託された支払事務の処理として，支払担当銀行が支払の結果を振出人の計算に帰せしめることを認めてよい。

　同じことは，為替手形の支払人による支払にも妥当し，支払人が為替手形を支払った結果，振出人が遡求義務を免れる場合，支払人はその支払の結果を振出人の計算に帰せしめることができる。

当座勘定規定16条1項による支払担当銀行の免責　　支払担当銀行は，振出人の支払委託に基づいて行った支払の結果を振出人の計算に帰せしめることができる。これに対して，手形の振出が偽造であるため振出人の有効な支払委託が存在しない場合（あるいは手形が変造されたため手形に記載された内容の支払委託が存在しない場合），支払の結果を振出人の計算に帰せしめることはできない。そこで当座勘定規定16条1項は，銀行が届出印と相当の注意をもって照合し，相違ないものと認めて支払ったときは，手形・小切手が偽造・変造されたものであっても，そのために生じた損害につき銀行は責任を負わない旨を定める。この免責約款は，多数の手形・小切手の支払を迅速に処理しなければならない銀行取引の必要から，有効であると解されている。ただし，印鑑照合は業務上相当の注意をもって慎重に行わなければならず，銀行に過失がある場合には免責されない（最判昭和46・6・10民集25巻4号492頁）。手形の偽造が実印を用いてなされた場合でも，銀行届出印が押捺されていない以上，銀行に過失があり，債務不履行責任を免れない（最判昭和58・4・7民集37巻3号219頁）。

14.4　支払の猶予

　振出人が満期に手形を支払うことができない場合に，支払猶予がなされることがある。支払猶予の方法には，①振出人と手形所持人との間で，手

形外の合意として支払猶予が合意される場合，②既存の手形の満期を新たな満期に記載の変更をする場合，③手形書換による場合の3つがある。

14.4.1　手形外の合意としての支払猶予

　手形外での支払猶予の合意はその当事者間においては効力を有し，合意の当事者である所持人が手形金請求をする場合，振出人はそれを人的抗弁とすることができる。しかし，支払猶予の合意の当事者でない裏書人等が，所持人の手形金請求に対して支払猶予の合意を抗弁として主張することは，人的抗弁の個別性から許されない（大判昭和11・1・18新聞3974号9頁）。

　手形外の支払猶予の合意によって，手形に記載された満期が変更されるわけではない。手形上の権利義務は手形に記載されたところに従って決定されるから，裏書人に対する遡求権を保全するためには，手形に記載された満期を基準とする支払呈示期間に手形を支払呈示する必要がある。手形上の権利の消滅時効についても手形に記載された満期が基準となるが（手70条），支払猶予の当事者間では，猶予期間中は手形上の権利を行使することができないから，消滅時効は支払猶予期間が満了した時から進行する（最判昭和55・5・30民集34巻3号521頁：百選75事件）。

14.4.2　既存の手形上の満期記載の変更

　すべての手形署名者の同意を得て満期の記載が変更された場合には，適法な満期の変更であり，手形上の権利義務関係は変更された満期を基準に決定される。これに対して，一部の手形署名者のみの同意を得て満期の記載を変更する場合，その満期の変更は同意をしていない者に対する関係では手形の変造となり，満期の変更に同意していない者は変更前の満期の記載に従って手形上の責任を負う（最判昭和50・8・29・判時793号97頁：百選19事件）。

14.4.3　手形書換

　既存の手形に代えて新たな満期を記載した新手形を振り出すことを**手形の書換**といい，手形書換のために振り出される新手形を**書換手形（延期手**

形）という。手形書換には，旧手形が回収されて新手形が振り出される場合と，旧手形が回収されずに新旧両手形がともに所持人の手に保持される場合の，2つがある。

手形書換は，既存の手形債務の支払を延期するために行われるが，法的には，新手形の振出により旧手形上の債務とは別個・独立の新たな手形債務が発生することになるため，新手形上の債務と旧手形上の債務との法的関係をいかに解すべきかが問題となる。

（1）**旧手形が回収される場合**　　わが国では，手形書換に際して，旧手形が回収されるのが通常である。判例は，手形の書換は**更改**である場合と**支払延期の手段**である場合とがあり，そのいずれであるかは当事者の意思によるが，その意思が不明である場合には，新手形は支払延期の手段として振り出されたものと推定すべきであるとする（大判大正12・6・13民集2巻401頁）。当事者が手形の書換により旧手形債務を消滅させる意思を有していない限り，新手形は支払延期の手段として振り出されたものであり，旧手形債務は消滅せずに，その同一性を保持したまま新手形に表章されると解する。

❖ **手形書換は代物弁済か**

学説の多くは，旧手形債務が同一性を保持したまま新手形に表章されると解することは手形の設権証券性に反し，手形の書換を有因契約である更改と解することは手形行為の無因性に反すると判例を批判し，旧手形が回収されて新手形が振り出される場合，その法的性質は**代物弁済**と解しなければならないと主張する。

しかし，代物弁済と解する学説が判例より理論的に優れているわけではない。旧手形を回収して手形の書換が行われる場合，旧手形に付された担保権がそのまま新手形に引き継がれること（大判昭和9・5・25民集13巻842頁），旧手形につき切断された抗弁は新手形に基づく権利行使に関してもその対抗を受けないこと（最判昭和35・2・11民集14巻2号184頁）は異論なく認められている。旧手形債務は代物弁済によって消滅すると解する多数説は，これらの望ましい結論を，新手形債務と旧手形債務とが実質的に同一であることを理由として，さらには，更改に関する民法518条を類推適用することによって導こうとする。しかし，このような説明は，手形の書換を更改であると解し，あるいは支払延期の手段であって，旧手形債務はその同一性を保持したまま新手形に表章されると解する判例と，その法的な説明において大差はないであろう。

なお，旧手形の回収によってその手形債務が消滅するのは，旧手形を回収し

176　　■ 第14章　手形の支払

てなす手形の書換が更改（または代物弁済）となるからであり，旧手形が回収されれば当然にその手形債務が消滅するわけではない。それ故，旧手形を回収してなす書換の合意に基づいて旧手形が債権者から振出人に返還されたが，手形の書換は実行されずに終わった場合，手形の書換による更改（または代物弁済）は生じていないのであり，右手形の返還によって手形上の権利は消滅しない（最判昭和41・4・22民集20巻4号734頁：百選72事件）。この場合，手形を振出人に返還して所持しない債権者は除権決定を得ることなく手形金請求をすることができ，振出人は，手形と引換にのみ支払う旨の抗弁を主張することはできない。

（2）　**旧手形が回収されない場合**　　手形の書換に際して，旧手形が回収されずに新手形が振り出されて，新旧両手形がともに所持人の手に保持される場合もある（旧手形の裏書人に対する遡求権を確保する必要がある場合など）。この場合，手形の書換は旧手形債務の支払を延期するために行われ，旧手形債務を存続させて新手形の見返り担保とすることが当事者の意思と解されるから，新手形債務と旧手形債務とは併存する（最判昭和31・4・27民集10巻4号459頁）。債権者は，新旧いずれの手形によっても権利行使することができるが（最判昭和42・3・28金判60号17頁），旧手形に基づく請求に対して債務者は新手形の満期まで支払猶予の抗弁を対抗することができる（前掲最判昭和29・11・18）。また，新手形に基づく請求に対して債務者は，旧手形について主張できるすべての抗弁を対抗することができる（前掲最判昭和42・3・28）。さらに債務者は，新旧いずれの手形に対して支払をなす場合にも，両手形と引換に支払う旨の抗弁を主張することができる（前掲最判昭和42・3・28）。いずれか一方の手形に対して手形金の支払がなされたが，他方の手形が返還されず債権者の手元に残っている場合でも，債権者はもはや他方の手形によって重ねて支払受けることはできない（最判昭和54・10・12判時946号105頁：百選71事件）。

第15章

遡　求

　満期に手形が支払われなかった場合，所持人は前者の担保責任を追及して，手形の支払を請求することができる。これを**遡求**という（**償還請求**ともいう）。遡求によって所持人は，満期に支払があったのと同じ経済的効果を収めることができる。

　遡求義務を履行して手形を受け戻した裏書人は，さらに自己の前者に対して遡求することができる。これを**再遡求**という。

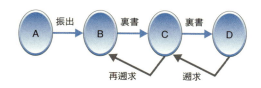

15.1　遡求の当事者

　遡求義務者は，所持人の前者，すなわち裏書人およびその保証人である（手15条・32条1項）。ただし，無担保裏書や取立委任裏書の裏書人のように担保責任を負わない者（手15条1項・18条・20条）は遡求義務者ではない。なお，約束手形の振出人は満期後も責任を負うが，主たる義務者であって，遡求義務者ではない。遡求義務者および約束手形の振出人は，手形の所持人に対して，合同して責任を負う（手47条1項）。

　遡求権利者は手形の所持人である。遡求義務を履行して手形を受け戻した者も遡求権利者となる（再遡求。同条3項）。

178

15.2 手形債務者の合同責任

　手形の所持人（遡求義務を履行して手形を受け戻した者を含む）は，合同責任を負う遡求義務者および振出人に対して，債務を負った順序にかかわらず，各別または共同に請求することができる（手47条2項・3項）。所持人は，自己の直接の前者に対して遡求する必要はなく，離れた前者に対して遡求することができ，同時に数人に対して請求することもできる。また，ある者に請求した後，別の手形債務者に対して請求してもよい（手47条4項）。しかし，一人から支払を受ければ，他の者に対して重ねて請求することはできない。

　合同責任は，次の点で連帯債務と異なる。①遡求義務者が支払をすると，支払をした者およびその後者の義務は消滅するが，彼の前者および振出人の義務は依然として存続し，支払をして手形を受け戻した者は，これらの者に対して再遡求することができる（手47条3項。求償権に関する民法442条以下の適用はない）。②連帯債務につき絶対的効力を定める民法の規定（民438条〜440条）も適用されない。遡求義務者の一人につき生じた更改・相殺・混同が，その前者や振出人の債務に影響を与えることはない。負担部分はないから，他の遡求義務者が反対債権を有することを理由に履行を拒むこと（民439条2項）もできない。

15.3 遡求の要件

　支払拒絶　　遡求の実質的要件として，支払呈示期間内に所持人が振出人に対し，適法な支払呈示をしたにもかかわらず，手形金額の全部又は一部が支払われなかったことが必要である（手43条）。振出人が支払を拒絶した場合の他，振出人の不在や所在不明の場合も含む（拒絶証書令2条1項2号）。白地手形のまま支払呈示しても適法な支払呈示ではなく，遡求権を保全できない（最判昭和33・3・7民集12巻3号511頁）。

　手形法は，約束手形につき支払拒絶による遡求だけを規定するが（手77

■ 15.3　遡求の要件　　179

条1項4号），通説は，振出人が破産手続開始の決定を受けた場合，その支払停止または強制執行不奏効の場合には（手43条2号），満期前でも遡求できると解する。破産手続開始決定の場合，手形の所持人は，破産手続開始の決定の裁判書を提出して遡求できる（手44条6項。民事再生手続開始決定（民事再生33条），会社更生手続開始決定（会社更生41条），特別清算開始命令（会510条）も同様）が，他の場合には，支払呈示をして（作成が免除されていない限り）拒絶証書を作成する必要がある（手44条5項）。支払呈示は，支払場所の記載がある場合でも，振出人の営業所または住所でしなければならない（最判昭和57・11・25判時1065号182頁）。

　　拒絶証書とその作成の免除　　支払拒絶の事実は，公正証書として作成される支払拒絶証書によって証明しなければならない（手44条1項）。支払拒絶証書は支払呈示期間内に作成されることを要する（同条3項。その作成に関する事項は拒絶証書令で定められる）。これを怠ると，その作成が免除されている場合を除いて，所持人は遡求権を失う（手53条1項）。

　　遡求義務者である裏書人およびその保証人は，手形に「無費用償還」，「拒絶証書不要」その他これと同一の意義を有する文言（拒絶証書作成免除文句）を記載して署名することにより，拒絶証書の作成を免除することができる（手46条）。統一手形用紙の各裏書欄にはあらかじめ「拒絶証書不要」の文言が印刷されているので，裏書欄への裏書署名によって拒絶証書作成免除の署名を兼用できる（最判昭和34・2・6民集13巻1号81頁）。拒絶証書の作成免除は，その記載をした裏書人や保証人に対してのみ効力を生じる（同条3項）。作成を免除した者に対して遡求する場合でも，適法な支払呈示は必要だが，この場合には，債務者の側で，適法な支払呈示のなかったことを証明しなければ，遡求義務を免れることはできない（同条2項）。拒絶証書の作成を免除していない者に対して遡求するには拒絶証書が必要となるから，拒絶証書が作成された場合，免除者を含む全ての遡求義務者がその費用を負担する（同条3項第4文）。

15.4 遡求の通知

　遡求に際し，所持人は，拒絶証書作成の日に次ぐ4取引日内に，拒絶証書作成免除の時は呈示日に次ぐ4取引日内に，自己の裏書人に遡求の通知をすることを要し，通知を受けた裏書人は，通知を受けた日に次ぐ2取引日内に，前の通知者全員の名称と宛所を示して，自己の受けた通知を自己の裏書人に通知しなければならない（手45条1項。遡求義務者でない約束手形の振出人への通知は不要）。裏書人の保証人にも同一の通知をしなければならない（同条2項）。裏書人が宛所を記載せず，またはその記載が読み難い場合には，その裏書人の直接の前者に通知すれば足りる（同条3項）。通知の方法に制限はないが（同条4項），期間内に通知したことの証明の必要（同条5項参照）から，内容証明郵便か書留郵便によることが望ましい。

　遡求の通知は，遡求義務者に資金の準備や償還権の行使（手50条1項参）などをなす機会を与えるために要求される。遡求の通知は遡求権を保全・行使するための要件ではなく，通知を怠っても，遡求権を行使することは妨げられないが，通知を怠ったために生じた損害（たとえば，償還が遅れて遡求金額が増大したことによる損害）を，手形金額を超えない範囲で賠償する責任を負う（手45条6項）。

15.5 不可抗力による期間の伸長

　不可抗力によって呈示期間内に支払呈示または拒絶証書の作成を行うことができない場合，不可抗力の続く間だけ期間が延長され，不可抗力が止んだときに遅滞なく遡求権保全手続をとれば遡求できる（手54条1項・3項。不可抗力の例として，国の法令による禁制すなわちモラトリアムがあげられる。わが国では，1923（大正12）年の関東大震災および1927（昭和2）年の金融恐慌に際して，緊急勅令として支払猶予令（大12勅令404号，昭2勅令96号）の発せられた例がある）。ただし，所持人は，自己の裏書人に対し遅滞なく不可抗力の通知をし，かつ手形または補箋にその通知を記載し日付を付して署名するこ

とを要する（同条2項）。不可抗力が満期より30日を超えて継続する場合には，支払呈示または拒絶証書の作成なしに遡求することができる（同条4項）。

15.6　遡求金額

　手形の所持人は，償還金額として，支払を受けなかった手形金額と，満期以後の利息（法定利率）および諸費用（拒絶証書や通知などの費用）を請求することができる（手48条1項）。

　償還義務を果たした者は，再遡求金額として，支払った総金額とこれに対する支払の日以後の利息および支出した費用を請求することができる（手49条）。

　なお，満期前に遡求する場合には，満期までの中間利息を遡求の日の公定割引率によって計算し，これを手形金額から控除する（手48条2項）。

15.7　遡求の方法

　遡求義務者は，支払と引換に，手形，拒絶証書および受取を証する記載をなした計算書の交付を請求することができる（手50条1項）。遡求義務を履行して手形を受け戻した裏書人は，再遡求するために，自己および後者の裏書を抹消して裏書の連続を整えることができる（同条2項）。

　遡求義務者は，遡求金額の増大を防ぐために，償還請求を待たずに自ら進んで償還をすることができる（手50条1項）。これを償還権という。

　遡求権利者は，手形に反対の記載がない限り，遡求方法の一つとして，遡求義務者を支払人とする一覧払の為替手形（戻手形）を振り出して，その割引を受けることができる（手52条）。遡求義務者は，戻手形の支払をすれば遡求義務を履行したことになる。もっとも，国内で流通する約束手形の遡求において，戻手形が利用されることはない。

第16章

手形保証・隠れた保証のための裏書

16.1　手形保証の意義・方式

　手形金額の全部または一部の支払を担保するために，手形上に行われる保証を**手形保証**という（手30条）。手形保証は，手形の信用を高めるために行われるが，反面，振出人の信用が不十分であることを手形に表示することになるため，実際にはあまり利用されない。代わりに，保証しようとする者が振出人（あるいは裏書人）として署名し手形債務を負うことで保証と同一の目的を達成する，いわゆる**隠れた保証**（⇨16.4）が利用される。なお，手形外の契約によって手形債務を保証することもできるが，これは民法上の保証であって手形保証ではない。

　手形保証の方式　手形保証は，手形または補箋に「保証」その他これと同一の意義を有する文言（保証文句）を記載し，被保証人（保証における主たる債務者）を表示して，保証人が署名して行う（手31条1項・2項）。被保証人を示さない手形保証は振出人のための保証とみなされる（手77条3項後段）。手形の表面になした単なる署名は，振出人の署名を除いて，手形保証とみなされ（手31条3項），方式の瑕疵による無効が救済される。補箋の表面になした単なる署名も保証とみなされる（最判昭和35・4・12民集14巻5号825頁：百選62事件）。手形金額の一部について手形保証をすることができるし（手30条1項），振出（手75条2号）や裏書（手12条1項）と異なり，手形保証に条件を付すことも許される（条件付手形保証として効力が認められる）。

183

手形保証と共同振出　手形の表面に単なる署名が複数ある場合，振出人欄になされた筆頭署名が振出人署名であることに異論はないが，他の署名が，振出人のための保証の署名とみなされるのか（手77条 3 項後段），それとも共同振出人の署名として扱われるのかにつき，学説上，争いがある。いずれであるかによって，時効や遡求要件に違いが生じる。これは当事者の合理的意思解釈の問題であるが，手形客観解釈の原則（⇨4.2.3(2)）により，手形外の事情を考慮することはできない（ただし，直接の相手方に対しては，手形外の事情を抗弁として主張することができる）。手形法31条 3 項は，振出人の署名であることが証明されない限り，保証とみなすことを定めるから，手形の記載から共同振出人の署名であることが明らかな場合を除いて，振出人のための保証とみなされることになろう（大阪地判昭和53・3・7 金判566号41頁：百選 5 事件を参照）。

16.2　手形保証の付従性と独立性

　手形保証の付従性により，手形保証人は被保証人と同一の責任を負う（手32条 1 項）。被保証人の手形債務が支払，時効等によって消滅すれば，保証債務も消滅する。したがって，保証人に対して裁判上の請求をしても，被保証人の手形債務の時効には影響を及ぼさず（手71条），被保証人の手形債務について時効が完成して消滅すれば，保証債務も消滅する（最判昭和45・6・18民集24巻 6 号544頁）。

　被保証手形債務が方式の瑕疵により無効であれば，手形保証も無効となる。ただし，手形保証にも手形行為独立の原則（⇨4.2.4）が妥当するから，被保証手形債務が偽造，無権代理，行為能力の制限などによって実質的に無効となりまたは取り消されても，手形保証は無効とならない（手32条 2 項）。

　手形保証人は，手形所持人に対して，被保証人その他の手形債務者とともに合同責任を負う（手47条 1 項）。したがって，手形保証人は，民法上の保証人とは異なり，催告・検索の抗弁権（民452条・453条）を有せず，数人の手形保証人がある場合でも分別の利益（民456条）を有しない。

184　■ 第16章　手形保証・隠れた保証のための裏書

[事例16-1] 　A会社は，X会社から船の建造を請け負い，X会社から前渡金の交付を受けた。A会社は，請負契約の不履行によりX会社に対して負担すべき損害賠償義務を担保するため，X会社を受取人として約束手形（本件手形）を振り出し，A会社の取締役であるYがA会社のための手形保証を行った。

　その後，請負契約は履行されて損害賠償義務が不発生に確定したため，A会社が手形の返還を求めたところ，X会社は別口債務の存在を主張して手形の返還を拒み，Yに対して手形の支払を請求した。

　X会社の手形保証人Yに対する請求は認められるか。

　被保証人Aが手形所持人Xに対して人的抗弁を有する場合に，保証人Yがこれを抗弁として主張することは，手形保証の独立性（手32条2項）と人的抗弁の個別性（⇨12.3.5）から，許されない（最判昭和30・9・22民集9巻10号1313頁）。手形保証の独立性から，YはAの手形行為の実質的無効を抗弁とすることができないのだから，ましてや，Aの手形行為が有効で原因関係に瑕疵があるにすぎない場合に，これを抗弁とすることができないことは当然のことだと考えるのである。しかし，このように解すると，支払をした保証人は被保証人に求償し（⇨16.3），被保証人は支払を受けた所持人に対して不当利得返還請求をするという請求の循環が生じるだけであるとして，所持人の手形保証人に対する請求を認めることを疑問視する説が主張されるようになった。

　[事例16-1] の事案において最判昭和45・3・31（民集24巻3号182頁：百選63事件）は，「将来発生するかもしれない債務の担保のために振り出され，振出人のために手形保証のなされた手形の受取人は，右債務の不発生が確定したときは，特別の事情のないかぎり，振出人に対してのみならず保証人に対しても手形上の権利を行使すべき実質的理由を失ったものであり，手形を返還せず自己の手裡にあるのを奇貨として保証人から手形金の支払を求めようとすることは，信義誠実の原則に反して明らかに不当であり，権利の濫用に該当する」と判示して，権利濫用の法理（⇨12.3.5(1)）により，保証人は手形金の支払を拒むことができると判示した。

■ 16.2　手形保証の付従性と独立性　　**185**

16.3　手形保証人の求償権

手形保証人が保証債務を履行したときは，手形外の実質関係に基づいて被保証人に対して求償することができる（民459条以下）。保証債務を履行した保証人は，さらに，手形法に基づき，被保証人および被保証人に対する手形上の債務者に対して手形上の権利を取得する（手32条3項）。

16.4　隠れた保証のための裏書

手形保証の目的で，手形保証以外の手形行為をすることを，隠れた手形保証という（通常は，裏書が行われる）。隠れた手形保証を行った者は，その行った手形行為に基づいて責任を負う。たとえば，約束手形の振出人の手形債務を保証するために，手形に裏書した者は，裏書人として担保責任を負う。隠れた手形保証であることは，手形外の事情に基づく人的抗弁となるにすぎない。

隠れた保証人間の求償　　隠れた手形保証を複数の者が行う場合がある。たとえば，A振出の手形について，Bが第一裏書人として，Cが第二裏書人として，ともにAの手形債務を保証する目的で譲渡裏書する場合である。この場合，BとCには民法465条1項が適用され，Cが遡求義務を履行してBに再遡求するときは，Bは自己の負担部分についてのみ遡求に応じれば足りる（最判昭和57・9・7民集36巻8号1607頁：百選66事件は，特約がない限り負担部分は平等であるとした）。

隠れた保証のための裏書と原因債務についての保証の成否　　他人の債務を保証する者は，特段の事情のない限り，その保証によって自己の責任をなるべく狭い範囲にとどめようとするのが通常の意思であるから，保証の趣旨で裏書をしたというだけで，原因債務の保証までする意思があったと推認することはできない（最判昭和52・11・15民集31巻6号900頁：百選64事件）。

186　■　第16章　手形保証・隠れた保証のための裏書

第17章

時効・利得償還請求権・除権決定・手形訴訟

17.1 手形の時効

　手形上の権利は，支払・供託・相殺・免除などの債権の消滅に関する一般原則によって消滅する。手形上の権利は時効によって消滅するが，手形法は，迅速な決済の必要性と手形債務の厳格性を鑑みて，**短期の消滅時効**を定めるとともに（手78条1項・70条），時効の完成猶予または更新について特則を定める（手71条・86条）。手形法に特別規定のない事項については，民法の一般原則が適用される。

　(1)　**時効期間**　　主たる債務者である振出人に対する請求権は，満期の日から3年で時効消滅する（手70条1項）。ただし，支払猶予の特約がなされた場合，当事者間では，消滅時効は猶予期間が満了した時から進行する（⇨14.4.1）。

　裏書人に対する遡求権は，拒絶証書を作成したときはその日付から，拒絶証書の作成が免除されているときは満期の日から，1年で時効消滅する（手70条2項）。

　遡求義務を履行した裏書人の他の裏書人（前者）に対する再遡求権は，その裏書人が手形を受け戻した日または訴えを受けた日から6ヶ月の時効によって消滅する（手70条3項）。

　(2)　**時効の完成猶予または更新**　　時効の完成猶予または更新は，その事由（民147条）が生じた者に対してのみ，その効力を生じる（手71条）。なお，裁判上の請求または催告による時効の完成猶予については，手形の

187

所持は必要ない（最判昭和38・1・30民集17巻1号99頁：百選76事件，最判昭和39・11・24民集18巻9号1952頁：百選77事件）。

裏書人の再遡求権は訴えを受けた日から6ヶ月で時効にかかるため，訴訟で争っている間に時効が完成してしまう危険がある。そこで，訴えを受けた裏書人が前者に対し**訴訟告知**（民訴53条）をすれば，訴訟が終了するまでの間は時効は完成しないことが定められる（手86条1項）。その訴えにかかる権利が確定判決によって確定したときは，時効は訴訟の終了の時より進行を開始する（同条2項）。ただし，約束手形の振出人に対して訴訟告知をしても時効の完成猶予の効力は認められない（最判昭和57・7・15民集36巻6号1113頁：百選73事件）。

(3)　**主債務者に対する時効の完成と遡求**　主債務者に対する手形権利が時効によって消滅したときは，裏書人などの遡求義務もこれに伴なって消滅する（大判昭和8・4・6民集12巻551頁）。したがって，手形所持人が裏書人の責任を追及する際には，主債務者に対する手形権利の時効管理に注意が必要である。もっとも，裏書人が振出人に対する手形金請求権が時効消滅したのに乗じて自己の遡求義務も消滅したと主張することが，著しく信義則に反して許されない場合がある（前掲最判昭和57・7・15）。

17.2　支払に代えて，支払のため，担保のため

手形の振出や裏書は，売買代金債務や借受金返還債務などの原因関係上の債務（原因債務）の支払を目的として行われることが多い（融通手形のように，原因債務が存在せずに手形が授受される場合もある）。この場合，原因債務は手形の振出や裏書によって影響を受けることになる。原因債務がどのような影響を受けるかは，手形を授受する当事者の意思によって決まるが，次の3つに類型化される。

支払に代えて　　手形の振出・裏書によって原因債務を消滅させることを合意して，手形が授受される場合である。この場合，手形は原因債務の代物弁済（民482条）として授受されると解される。手形が支払われるとは限らないこと，原因債務の消滅は担保権の消滅など特別の法的効果をもたら

すことから，手形の授受によって原因債務が消滅するのは，そのことが当事者間で明確に合意された場合に限られる。

このような明確な合意がない場合，手形の授受によって原因債務は消滅せず，手形債務と原因債務は併存する（大判大正7・10・29民録24輯2079頁。支払確保のため）。この場合，原因債務は，手形が支払われるか，あるいは，債権者が手形の譲渡により得た対価を失うおそれがなくなったとき（後者から，手形上・原因関係上の責任を追及されるおそれがなくなったとき）に，はじめて消滅する。

手形債務と原因債務とが併存する場合は，さらに，債権者が手形債権を先に行使すべき義務を負うか否かによって次の2つに分けられる。

支払のため　手形の支払によって原因債務を決済する意図で，手形が授受される場合であり，債権者は手形債権を先に行使しなければならない。債務者が第三者振出の約束手形を裏書する場合，あるいは，債務者が銀行を支払場所とする約束手形を振り出す場合である。この場合，債権者は，手形の支払が拒絶された後にはじめて原因債権を行使することができる。

担保のため　手形貸付のように，原因債務の支払を確保する目的で手形が授受される場合であり，債権者は手形債権と原因債権のいずれでも任意に選択行使することができる。この場合，債務者は手形の支払呈示がなくても，原因債務について，その履行期の到来により当然に履行遅滞となる。

支払のためと担保のためのいずれであるかは，当事者の意思によるが，その意思が不明な場合，「債務者自身が手形上の唯一の義務者であって他に手形上の義務者がない場合」には，担保のためと推定される（最判昭和23・10・14民集2巻11号376頁：百選86事件。ただし，銀行を支払場所とする場合を除く）。なお，債権者が原因債権を行使した場合，債務者は手形の返還と引換に支払うべき旨の抗弁を主張することができる（最判昭和33・6・3民集12巻9号1287頁：百選87事件）。

17.3　利得償還請求権

手形上の権利が時効または遡求権保全手続の欠缺により消滅したとき

■ 17.3　利得償還請求権　**189**

（これを手形の失権という），所持人は手形債務者に対してその受けた利益の
限度において利得の償還を請求することができる（手85条）。これを利得償
還請求権という。

　利得償還請求権は，手形の所持人が時効または手続の欠缺により手形上
の権利を喪失し，他方で，振出人などの手形債務者が手形の授受により得
た対価を得て利得している事態を衡平に合しないものとし，その間の衡平
を図るために特に認められたものである（最判昭和34・6・9民集13巻6号
664頁：百選84事件）。手形は，通常，原因債務の決済を目的として振出，あ
るいは裏書譲渡されるところ，手形が失権すると，手形の支払により原因
債務を決済するという手形授受の目的を達成できなくなる。手形を授受し
た当事者は，原因関係上の権利を行使して原因債務の決済を図るほかない
が，常に，原因関係上の権利を行使できるとは限らない（手形が支払に代え
て授受された場合を考えよ）。手形法は，手形の失権により原因債務が決済
されないことは，手形授受の目的から不当・不公平であると考え，これを
是正するため，利得償還請求権を定めた。

　利得償還請求権は，手形上の権利ではなく手形法が特に認めた特殊の権
利であり，その消滅時効期間は5年である（最判昭和42・3・31民集21巻2
号483頁：百選85事件）。

　利得償還請求権の当事者　　利得償還請求権の権利者は，手形上の権利が
手続の欠缺または時効により消滅した時点（失権当時）における手形の正
当な所持人である。最終の被裏書人だけでなく，遡求義務を履行した裏書
人も権利者となる。手形の所持を失っていても，実質上の権利者は利得償
還請求権者となることができる（前掲最判昭和34・6・9）。

　利得償還義務者は手形の失権により利得を有する手形上の義務者である。
約束手形の振出人が原則的な利得償還義務者であるが，裏書人が自己の計
算で他人に手形を振り出してもらったような特殊の事情があるとき（融通
手形）は，裏書人が義務者となる。

　利得償還請求権の成立要件　　利得償還請求権の成立要件は，①手形上の権
利が有効に成立していたこと，②その権利が時効または遡求権保全手続の
欠缺により消滅したこと，および，③債務者が利益を得たことである。

190　■　第17章　時効・利得償還請求権・除権決定・手形訴訟

①の要件につき，失権当時白地手形であれば有効な手形債権が存在しないから，利得償還請求権は認められないと解するのが多数説である。

②の要件については，利得償還請求権は手形上の権利消滅の場合における最後の救済手段であることを理由に，原則として，手形所持人がすべての手形債務者に対して手形上の権利を失ったことを要すると解するのが通説である。

③の債務者の利得とは，手形債務を免れたことではなく，手形の実質関係において現実に利益を受けたことをいう。約束手形の振出人が原因関係において対価を得ておきながら，原因債務の支払を免れた場合に，振出人に利得が認められる（最判昭和43・3・21民集22巻3号665頁：百選82事件）。裏書人は，通常，手形を取得する際に対価を支払っているから利得は認められないが，融通手形の場合，被融通者である裏書人は手形取得の対価を支払っておらず，利得が認められる。

利得の有無は，次のようにして判断される。まず，手形が支払に代えて振り出された場合，受取人の原因債権は消滅しており，振出人に利得が認められる。受取人が所持人であるときはもちろん，手形が裏書譲渡された場合，所持人は振出人に対して利得償還請求権を行使することができる。手形が支払のために振り出された場合，手形債権が時効消滅しても，受取人は原因関係上の権利を行使することができるから，振出人に利得はない（最判昭和38・5・21民集17巻4号560頁：百選83事件）。手形が裏書譲渡されて所持人が手形を時効にかけた場合はどうか。手形所持人が受取人に対して原因関係上の権利を行使することができない場合（手形が支払に代えて裏書譲渡された場合），受取人は対価を確定的に得ているので振出人に対する原因債権は消滅し（⇨17.2），振出人に利得が認められる（前掲最判昭和43・3・21）。これに対して，手形所持人が受取人に対して原因関係上の権利を行使することができる場合（手形が支払のため裏書譲渡された場合），受取人は対価を確定的に得ておらず，原因債権は消滅しないから振出人に利得はない，つまり，利得償還請求権は発生しない。

利得償還請求権の行使・譲渡　利得償還請求権は，手形上の権利ではないが，これも取立債務であり，債務者はその営業所において支払の請求が

あってはじめて遅滞に陥る。

判例・多数説は利得償還請求権の行使に手形を必要としないと解する。権利が消滅した手形は，利得償還請求権を表章する有価証券ではなく，証拠証券であり，手形を喪失しても除権決定を得る必要はない。利得償還請求権を行使するときは，一般原則に従い請求者が主張立証責任を負担する。

また，利得償還請求権の譲渡は民法の債権譲渡の方法によることとなり，手形の交付を要しない。

17.4　手形の喪失と除権決定

手形は有価証券であり，権利と証券が結びついている。しかし，証券は権利行使の資格であって，権利そのものではなく，手形を喪失・滅失しても，当然に手形上の権利を失うわけではない。しかし，手形を所持しなければ，権利を行使することはできないし，手形が善意取得（手16条2項）されると，その反射効として権利を失うことになる。そこで法は，公示催告による**除権決定**（非訟114条以下）の制度を定めて，証券を喪失した権利者の保護を図っている（株券には除権決定制度は適用されず（会233条），株券喪失登録制度による。⇨3.3.2❖）。

盗取され，紛失し，または滅失した手形の所持人（無記名式または白地式裏書がされた証券では最終の所持人であり，それ以外の証券ではその証券により権利を主張することができる者である。非訟114条）は，手形の支払地を管轄する簡易裁判所に公示催告の申立てをする（非訟115条）。署名後流通前に手形を喪失した者も公示催告の申立てをすることができる（最判昭和47・4・6民集26巻3号455頁：百選79事件）。申立ては，手形の謄本を提出するか，手形を特定するために必要な事項を明らかにし，かつ，喪失の事実および申立てができる理由を疎明しなければならない（非訟116条）。

公示催告の申立てがされると，裁判所は，その手形について権利を有する者が，一定の期日までに権利を争う旨の申述をして手形を提出すべきことを催告し，それをしないと手形を無効とする旨を宣言すること（非訟117条1項）を，裁判所の掲示場に掲示し，かつ，官報に掲載して公告する

（非訟102条）。公示催告を官報に掲載した日から権利を争う旨の申述の終期までの期間（公示催告の期間）は，2ヶ月を下ってはならない（非訟117条2項・103条）。

この期間内に権利を争う旨の申述がないときは，裁判所は，手形を無効とする旨を宣言する（非訟106条1項・117条2項・118条1項。除権決定）。除権決定は官報に掲載して公告する（非訟107条）。除権決定があると，公示催告の申立人は，手形なしに権利を行使することができる（非訟118条2項）。なお，公示催告の期間中に債務者の信用状態が悪化するおそれがある場合，公示催告の申立人は，債務者に目的物を供託させ，または相当の担保を供して，債務者に証券の趣旨に従い履行をさせることができる（民520条の12）。

白地手形を喪失した場合も公示催告の申立てをすることができるが，除権決定を得ても，白地を補充しなければ権利行使できない。除権決定を得た所持人が，手形外で白地を補充する旨の意思表示をしても白地補充としての効力は認められない。白地を補充するため，手形債務者に対し喪失手形と同一の内容の手形の再発行を請求する権利もない（最判昭和51・4・8民集30巻3号183頁：百選81事件）。結局，白地手形の公示催告・除権決定には白地手形が善意取得されることを妨げる意義しかなく，喪失した白地手形の所持人は，手形授受の直接の当事者に対して原因債権を行使するほかない。

❖ 除権決定と善意取得

　除権決定の後，無効となった手形について善意取得が生じることはない。しかし，除権決定は，申立人に証券を所持するのと同一の地位を回復させるにとどまるから，除権決定前に手形を善意取得した者は，その後に除権決定があったことによって，権利を失うものではない（最判平成13・1・25民集55巻1号1頁：百選80事件）。

■ 17.4　手形の喪失と除権決定　　**193**

17.5 手形訴訟

17.5.1 総 論

　手形債務者が任意に弁済しないとき，手形権利者は，債務名義を得て強制執行することによってその満足を図ることになる。手形は，金銭債務の決済手段であり簡易・迅速な権利実現が強く要求されることから，速やかに債務名義を得させることを目的とした特別な訴訟手続として，**手形訴訟制度**が民事訴訟法に規定されている（民訴350条以下。小切手訴訟には，手形訴訟の規定が準用される。民訴367条）。

　手形訴訟の主な特徴は，①証拠調べが書証に限定されていること（民訴352条1項），②反訴を提起できないこと（民訴351条），③勝訴判決には，裁判所は職権で仮執行の宣言をしなければならないこと（民訴259条2項），④終局判決に対して控訴できないこと（民訴356条）をあげることができる。

17.5.2 手形訴訟の概要

　手形訴訟によることができるのは，手形による金銭の支払の請求およびこれに付帯する法定利率による損害賠償の請求を目的とする給付の訴えに限られる（民訴350条1項）。手形訴訟の管轄裁判所は通常の訴訟の場合と同じである。手形訴訟によるか通常の訴訟手続によるかは原告の任意であるが，手形訴訟による審理および裁判を求める場合は，その旨の申述を訴状に記載しなければならない（同条2項）。

　手形訴訟は，やむを得ない事由がある場合を除き，一回の口頭弁論期日で審理を完了しなければならない（民訴規214条）。迅速な審理のため，証拠方法は書証に限られる（民訴352条1項）。文書の提出命令や送付の嘱託はできないため（同条2項），当事者が任意に提出できる書証に限られる。例外的に，文書の成立の真否または手形の呈示に関する事実については，申立てにより，当事者本人の尋問が許される（同条3項）。ただし，このような証拠制限は，裁判所の職権調査事項には適用されない（同条5項）。

194　■ 第17章　時効・利得償還請求権・除権決定・手形訴訟

手形訴訟では，被告は反訴を提起できない（民訴351条）。手続が複雑化し，訴訟が遅延するのを防ぐためである。

　請求を認容する手形判決，または，請求を棄却する手形判決に対しては，控訴をすることができない（民訴356条本文）。不服のある当事者は，その判決をした裁判所に異議を申し立て，通常の手続に移行させることができる（民訴357条・361条）。異議の申立ては，判決書の送達を受けた日から2週間の不変期間内にする必要がある（民訴357条）。なお，請求認容の手形判決については，裁判所は，職権で，担保を立てないで仮執行をすることができることを宣言しなければならない（民訴259条2項）。したがって，勝訴した原告は，直ちに強制執行することができる（民執22条2号）。被告は異議を申し立てるとともに，執行停止の裁判を求めることになるが（民訴403条），この場合，手形判決が取り消されるべき事情につき疎明しなければならない（同条1項5号）。

　訴えを却下した判決に対しては，異議を申し立てることができない（民訴357条）。手形訴訟によることができない請求について訴えが提起されたとして訴え却下の判決がなされた場合（民訴355条1項），原告は，通常の手続により訴えを提起することになる（同条2項）。一般の訴訟要件を欠くとして訴えが却下された場合は，控訴をすることができる（民訴356条ただし書）。

17.5.3　通常の手続への移行

　原告は，口頭弁論の終結に至るまで，被告の承諾を要しないで，訴訟を通常の手続に移行させる旨の申述をすることができる（民訴353条1項）。

　請求認容または請求棄却の手形判決に対して異議の申立てがあった場合，訴訟は口頭弁論終結前の状態に復帰し，通常の訴訟手続により審理および裁判が続行される（民訴361条）。手形訴訟における証拠方法の制限はなくなり，反訴の提起も可能となる。

　異議訴訟における判決が手形判決と符合するときは，手形判決を認可する判決をする。手形判決と符合しないときは，手形判決を取り消して，新判決をする（民訴362条）。

第4編

為替手形・小切手

第18章

為替手形

　為替手形とは，振出人が支払人に宛てて，満期に一定の金額を受取人その他手形の正当な所持人に対し支払うことを委託する証券である（手1条）。

　支払委託証券である為替手形は，以下の点で，振出人が手形の支払を約束する約束手形と異なる。①手形の当事者として，振出人と受取人のほかに支払委託を受ける**支払人**がいること，②支払を委託する**振出人**は，手形上の主たる債務者ではなく，引受および支払を担保する**遡求義務者**にすぎないこと（手9条），③支払を委託された支払人は，自ら「**引受**」という手形行為を行ってはじめて，手形の支払義務を負うこと。

　為替手形は主に，国際送金の手段として，あるいは，国際取引の決済手段として利用されており，国内取引で為替手形が利用されることはほとんどない。以下では，為替手形に特有の制度（引受，参加および複本・謄本）を中心に簡略に説明する。

18.1　振　出

　（1）　**振出の意義・効力**　　為替手形の振出は，振出人が手形要件を記載した基本手形を作成して，これを受取人に交付することによって行われる。その法的性質については，ドイツ民法上の**支払指図**であると解し，**二重授権**として説明するのが多数説である。つまり，為替手形の振出人は，支払人に対して，支払人の名で振出人の計算において**支払をする権限を授与**すると同時に，受取人に対して，受取人の名で振出人の計算において**支払を受領する権限**を授与するものとして構成される。

199

為替手形の振出人は，手形の引受および支払を担保する（手9条1項）。引受担保責任については，無担保文句の記載が認められるが，支払担保責任を負わない旨の記載は記載がないものとみなされる（無益的記載事項，同条2項）。

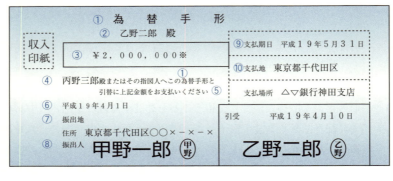

為替手形用紙

(2) **手形要件**　手形法1条は，為替手形としての効力が認められるための絶対的記載事項である手形要件を定める。手形要件を欠く場合，原則として，手形としての効力が認められない（手2条1項。厳格な要式証券）。

① **為替手形文句（手1条1号）**　約束手形の約束手形文句に対応する。

② **手形金額および支払委託文句（手1条2号）**　手形金額は一定でなければならない。支払委託は「単純」でなければならないから，支払委託の効力は，振出人・支払人間の実質関係（資金関係）および振出人・受取人間の実質関係（対価関係）によって影響されない（無因性）。

③ **満　期（手1条4号）**　満期の種類，満期の記載がない場合の効果（手2条2項）などは，約束手形と同じである。ただし，一覧後定期払の為替手形において一覧とは引受のための呈示を意味し，その満期は引受の日付または拒絶証書の日付によって定まる（手35条1項）。

200　■ 第18章　為替手形

④ **支 払 地（手 1 条 5 号）**　　為替手形の支払は，支払場所（通常は，支払人の当座取引銀行）の記載がある場合を除いて，支払地内にある支払人の営業所または住所においてなされる（民520条の 8）。支払地の記載を欠く場合，特別の表示がない限り，支払人の肩書地が支払地にしてかつ支払人の住所地とみなされる（手 2 条 3 項）。

⑤ **振出日および振出地（手 1 条 7 号）**　　約束手形と同様である。

⑥ **手形当事者＝振出人の署名（手 1 条 8 号）と，支払人および受取人の記載（手 1 条 3 号・6 号）**　　為替手形では，振出人と受取人のほか，支払をなすべき者として支払人の記載が要求される。自己を支払人とする為替手形を振り出すこと（自己宛手形，手 3 条 2 項），あるいは，自己を受取人とする為替手形を振り出すこと（自己受手形・自己指図手形，同条 1 項）は明文で認められるが，解釈上，振出人，受取人および支払人を同一人が兼ねることも認められる。

(3)　手形要件以外の記載事項　　手形要件のほか，有益的記載事項，無益的記載事項，有害的記載事項があることは，約束手形の場合と同じである。

(4)　白地手形　　為替手形についても白地手形が認められることは，約束手形と同様である。

18.2　引　受

(1)　引受の意義　　引受とは，為替手形の支払人が手形金額の支払義務を負担することを目的として行う手形行為である（手28条 1 項）。支払人は，為替手形の振出によって手形の支払義務を負うものではなく，自ら引受という手形行為を行ってはじめて手形上の義務を負う。このことは，支払人が振出人との実質関係（資金関係）上，手形の支払をなすべき義務を負う場合でも，同様である。

引受は，手形債務の負担を目的とする単独行為であり，支払人と手形所持人の間の契約ではないと解するのが通説である。したがって，引受のための呈示をした者が，無権利者，無権代理人あるいは制限行為能力者であ

っても，引受の効力に影響しない（手21条参照）。

（2）**引受の方式**　引受は，手形に「引受」その他これと同一の意義を有する文字を記載して，支払人が署名して行う（正式引受。手25条1項第一文）。ただし，手形の表面になされた支払人の署名は引受とみなされる（略式引受。同項第二文）。支払人でない者が，引受をするつもりで引受人欄に署名をしても，引受としての効力は認められない（最判昭和44・4・15判時560号84頁：百選95事件）。引受は手形になすことを要し，裏書や保証のように補箋や謄本にすることは認められない。

支払人は，引受署名後であっても，手形の返還前であれば，引受の記載を抹消して引受を撤回することができる（手29条1項第1文）。引受が抹消されているときは，手形の返還前に抹消されたものと推定される（同項第2文）。

（3）**引受のための呈示**　手形の所持人または単なる手形の占有者は，引受を求めて支払人に対して手形を呈示することができる（手21条）。これを引受のための呈示という。引受のための呈示の場所は，支払場所の記載があるときでも，支払人の営業所または住所である。

引受の呈示をするか否かは，原則として所持人の自由であり，手形所持人は引受のための呈示をしないで，満期に支払呈示してもよい。ただし，これには次の例外がある。

①　**引受呈示の禁止**　振出人は，引受のための呈示を絶対的に禁止することができる（手22条2項）。ただし，第三者方払の記載がある場合は支払人に第三者方での支払を準備させる必要から，支払人の住所地以外の地を支払地とする手形（他地払手形）の場合は支払人に支払場所記載の機会を与える必要から，一覧後定期払手形の場合は満期を定める必要から，それぞれ引受呈示の絶対的禁止は認められない。

振出人は，また，一定の期日前に引受のための呈示をすることを禁じることもできる（手22条3項）。これは，荷為替手形において，売買目的物が買主のもとに到達するまでの間，引受呈示を禁止するような場合に実益がある。

引受呈示の禁止に反して引受のため呈示をした場合，引受が拒絶されて

も遡求することはできない（ただし，手43条3号に注意）。

② **引受呈示の義務**　振出人および裏書人は，為替手形に，期間を定めてまたは期間を定めないで，引受のため手形を呈示すべきことを記載することができる（**引受呈示命令**。手22条1項・4項）。ただし，振出人が引受呈示を禁じている場合は，裏書人は引受呈示命令を記載することができない（手22条4項但書）。

一覧後定期払手形では，満期を定める必要から，振出日から1年内に引受のため手形を呈示しなければならない（手23条1項）。振出人はこの期間を短縮または伸長することができる（同条2項）。裏書人は，この期間を短縮することができる（同条3項）。

これらの場合に引受呈示を怠ると，所持人は引受拒絶による遡求権のみならず，支払拒絶による遡求権も失う（手53条1項1号・2項）。ただし，裏書人の記載した引受呈示命令に違反した場合は，当該裏書人およびその保証人に対する遡求権が失われる（同条3項）。

(4)　**考慮期間**　引受呈示を受けた支払人は，所持人に対して，翌日にもう一度呈示すべきことを請求することができる（手24条1項）。支払人が振出人に照会するなどの必要があることを考慮して，1日の考慮期間が認められる。この場合，所持人は，翌日に第二の呈示をしなければ，引受拒絶による遡求はできない。なお，所持人は，支払人が調査のために手形の交付を求めた場合でも，これを交付する必要はない（同条2項）。

(5)　**引受の効力**　引受により，支払人は引受人となり，手形の主債務者として満期に手形の支払をする義務を負う（手28条1項）。引受人は，約束手形の振出人と同じく，絶対的・無条件の義務を負う（手78条1項参照。⇨9.1.2）。

(6)　**不単純引受**　引受は単純でなければならない（手26条1項本文）。引受に際して，満期や支払地などの手形の記載事項に変更を加えると（**不単純引受**），引受を拒絶したことになる（同条2項本文）。この場合，所持人は満期前遡求をすることができるが（手43条1号），引受人に対する関係では不単純引受も有効であり，引受人は引受の文言に従って責任を負う（手26条2項但書）。なお，支払人が引受をするときに，第三者方払の記載（手

27条）をしても不単純引受とはならない。

支払人は，手形金額の一部につき引受をすること（**一部引受**）が認められる（手26条1項但書）。この場合，所持人は引受がない残額についてのみ，引受拒絶による遡求ができる（手43条1号・48条1項1号）。

18.3　支　払

引受人による支払については，約束手形の振出人による支払について述べたことが（⇨第14章）そのまま妥当する。引受人は裏書の連続する手形の所持人に対して支払をすれば，たとえその所持人が無権利者であっても，**悪意・重過失がない限り免責**される（手40条3項）。

これに対して，引受をしていない支払人は手形債務者ではないから，支払による免責は問題とならない。支払人による支払が有効であるかは，支払の結果を振出人の計算に帰せしめることができるかについて問題となるが，これは小切手の支払について述べるところが妥当する（⇨19.4）。振出人が遡求義務を免れる限りにおいて，無権利者に対する支払も振出人からの支払委託に基づく有効な支払として振出人の計算に帰せしめることができる。

なお，振出人の支払委託は，手形が支払呈示期間内に支払呈示されて支払われるという正常な経過における支払を前提とするものであるから（最判昭和42・11・8民集21巻9号2300頁：百選67事件を参照），支払呈示期間経過後は，支払人は支払の結果を振出人の計算に帰せしめることはできない。

18.4　遡　求

為替手形では，満期後の**支払拒絶による遡求**のほか，引受拒絶等があったことに基づく**満期前の遡求**が認められる。支払拒絶による遡求については，振出人が遡求義務者に加えられていることを除いて，約束手形について述べたことが妥当する（⇨第15章）。

為替手形の所持人は，次の場合，**満期前**であっても**遡求**することができ

204　■　第18章　為替手形

る（手43条後段）。満期に支払われる可能性が極めて低いからである。

① 引受の全部または一部が拒絶された場合（手43条1号）。不単純引受があった場合を含む（手26条）。引受拒絶の事実は，その作成が免除されている場合（手46条）を除き，拒絶証書によって証明しなければならない（手44条1項）。引受拒絶証書を作成したときは，満期に支払呈示および支払拒絶証書を作成することなく遡求することができる（同条4項）。

② 引受人または支払人が破産手続開始の決定を受けた場合（手43条2号）。この場合，所持人は破産手続開始の決定の裁判書を提出するだけで遡求できる（手44条6項）。

③ 引受人または支払人が支払いを停止し，または，その財産に対する強制執行が効を奏しない場合（手43条2号）。この場合，所持人は，満期前でも，手形を支払のため呈示し，かつ，作成が免除されている場合を除いて支払拒絶証書を作成しなければ遡求することができない（手44条5項）。

④ 引受の呈示を禁止した手形の振出人が破産手続開始の決定を受けた場合（手43条3号）。所持人は破産手続開始の決定の裁判書を提出して遡求できる（手44条6項）。

満期前遡求の場合の遡求金額は，所持人の住所地における遡求の日の公定割引率により満期までの中間利息を計算し，これを手形金額から控除する（手48条2項）。

18.5 参 加

参加とは，満期前または満期後の遡求が開始した場合に，特定の遡求義務者（被参加人）に対する遡求権の行使を阻止するために，引受人以外の者（参加人。手55条3項）が代わって引受（参加引受）または支払（参加支払）をすることをいう。振出人，裏書人または保証人は，参加人となることが予定された者を予備支払人として手形に記載することができる（同条1項）。

参加によって，所持人は被参加人およびその後者に対する遡求権を失う（手56条2項・3項・61条・63条2項）。参加は，遡求を阻止して，手形関係

者の信用を維持し，遡求金額の増大を防止するために設けられた制度だが，わが国ではほとんど利用されていない。

18.6 複本・謄本

複本とは，同一の手形上の権利を表章するために発行された数通の手形をいう（手64条1項）。各通の手形はいずれも正本であって，その間に正副主従の区別はない。複本は，手形を遠隔の地に送付する場合に，途中の事故に備えて複数の便で手形を送付するために，あるいは，引受のため手形を送付している間に手形を譲渡することを可能とするために認められた制度である。

複本には，証券の文言中に番号を付さなければならず，この番号を欠くときは，各通はそれぞれ別の手形とみなされる（手64条2項）。複本の表章する手形権利は1つだから，複本の一通に対する支払により手形権利は消滅し，各通はその効力を失う。ただし，引受人が数通に引受をした場合，引受をした数通の手形を受け戻さないと，引受人は返還を受けない手形につき責任を免れない（手65条）。

謄本とは，手形を謄写したものであり，謄本それ自体は手形ではない。謄本は，原本を引受のため送付している間に，これに裏書をして手形を譲渡するために認められた制度であり，謄本になされた裏書と保証は原本に行われたのと同じ効力が認められる（手67条3項）。

第19章

小 切 手

　小切手とは，振出人が支払人である銀行に宛てて，小切手の正当な所持人に対して，その請求の日に小切手に記載された金額を支払うべきことを委託する証券である（小1条）。

　小切手は支払委託証券である点で為替手形と法的構造を同じくするが，その経済的機能は手形と異なる。小切手は現金代用物として，自ら支払をする手間と危険を避けるため，銀行に預金から支払を行わせる場合に用いられる。小切手の法規制が為替手形と異なる点も，この経済的機能の相違に基づくものであり，その主たる相違は次の通りである。

小切手用紙

①　小切手は現金代用物として，常に一覧払のものとされる（小28条）。小切手は，振出後速やかに支払われることが予定されるため，その呈示期間は10日とされ（小29条1項），一覧払の為替手形（原則1年。手34条1項）と比べて短い。

②　現金代用物である小切手の支払の確実性を担保するため，支払人は銀行に限られ，かつ，振出人はその支払人のもとに小切手の支払に充てられるべき資金を有していなければならない（小3条）。

③　現金代用物である小切手には持参人払式のものが認められる（小5条）。持参人払式小切手の所持人は権利者と推定され，自己の権利を証明することなく小切手の支払を受けることができる。

④　小切手にあっては引受が禁止される（小4条）。小切手が支払人である銀行の信用を背景に紙幣類似の機能を営むことを防止するためである。同じ趣旨から，支払人は裏書および小切手保証を行うことができない（小15条3項・25条2項。なお，後述19.3(2)・(3)を参照）。

⑤　一覧払で持参人払式の小切手は，盗難・紛失等した場合に，その盗取者や拾得者などが不正に小切手の支払を受ける危険が大きい。この危険を防止するため，線引小切手の制度（小37条以下）が認められている（⇨19.5）。

19.1　振　出

（1）　振出の意義・効力　　小切手の振出は，振出人が小切手要件を記載した基本小切手を作成して，これを受取人に交付することによって行われる。その法的性質は，為替手形と同じく，小切手の振出人が，支払人に対して振出人の計算で支払をする権限を授与すると同時に，受取人に対して支払を受領する権限を授与するものと解される。なお，支払人の振出人の計算で支払をなす権限は，小切手の振出後に振出人が死亡し意思能力を喪失しまたは行為能力の制限を受けたことによって影響を受けない（小33条）。

引受の制度がない小切手の振出人は支払を担保する。振出人が担保責任を負わない旨の記載は記載がないものとみなされる（無益的記載事項，小12条）。

208　■第19章　小　切　手

(2)　**小切手要件**　　小切手法 1 条は，小切手としての効力が認められ
るための記載事項（小切手要件）を定める。小切手要件を欠く場合，原則
として，小切手としての効力が認められない（小 2 条 1 項。**厳格な要式証
券**）。なお，小切手には，手形と異なり，印紙税を納付する必要はない
（印紙税法 2 条別表第 1 ）。

①　**小切手文句（小 1 条 1 号）**　　手形の場合の手形文句に当たる。

②　**小切手金額および支払委託文句（小 1 条 2 号）**　　小切手金額は一定で
なければならないこと，支払委託は「**単純**」でなければならないから，支
払委託の効力は，振出人・支払人間の実質関係（資金関係）および振出人
・受取人間の実質関係（対価関係）によって影響されないこと（無因性）は，
為替手形と同様である。

③　**支 払 地（小 1 条 4 号）**　　小切手の支払は，支払地内にある支払人
の営業所または住所においてなされる。支払地の記載を欠く場合，特別の
表示がない限り，支払人の肩書地が支払地とみなされる。肩書地が複数記
載されている場合，初頭に記載された地が支払地となる（小 2 条 2 項）。支
払人の肩書地の記載もない場合，振出地が支払地となる（同条 3 項）。

④　**振出日および振出地（小 1 条 5 号）**　　振出日付が真実の振出日と一致
する必要がないことは手形と同じであり，実際に，現実の振出日よりも将
来の日を振出日として記載したいわゆる**先日付小切手**が用いられることが
ある。先日付小切手の所持人は，振出日付より前であっても，小切手の支
払を請求することができる（小28条 2 項）。振出地の記載がない場合でも，
振出人の肩書地が記載されていれば，それが振出地とみなされて（小 2 条
4 項）小切手は無効とならない。

⑤　**小切手当事者＝振出人の署名（小 1 条 6 号）と，支払人の記載（小 1 条 3 号）**
小切手では，手形と異なり，受取人の記載は要件ではなく，有益的記載
事項である。わが国では，通常，受取人を記載しない**持参人払式小切手**
（小 5 条 1 項 3 号・ 3 項）が使われる。受取人の記載された小切手は法律上
当然の指図証券であり，持参人払である旨の記載（持参人払式となる。同条
2 項），または，指図禁止の旨の記載（指図禁止小切手として，民法の債権譲
渡の方式と効力をもって譲渡することができる。同条 1 項 2 号・14条 2 項）があ

■ 19.1　振　出　　**209**

る場合を除いて，裏書により譲渡することができる（小14条1項）。なお，為替手形と同様に，自己を支払人とする小切手（**自己宛小切手**，小6条3項），あるいは，自己を受取人とする小切手（**自己指図小切手**，同条1項）が認められる。自己指図小切手は，振出人が当座預金の払戻を受けるときに使われる。

（3）　**小切手要件以外の記載事項**　　小切手要件のほか，有益的記載事項，無益的記載事項，有害的記載事項があることは，手形と同じであるが，受取人の記載が小切手要件ではなく有益的記載事項であること，現金代用物である小切手にあっては，利息文句の記載（小7条）および一覧払に反する満期の記載（小28条1項）が無益的記載事項とされていることに注意されたい。

（4）　**白地小切手**　　小切手法13条は，白地小切手が認められることを前提に，白地が不当補充された場合につき規定するが，その法律関係は白地手形と同じである。

（5）　**当座勘定取引契約**　　小切手法3条は，小切手を振り出すには，振出人が支払人のもとに処分できる資金を有していること，および，振出人と支払人との間に，振出人がこの資金を小切手によって処分することができる旨の契約（小切手契約）が存することを要求する（これに違反して振り出された小切手も有効だが，振出人は五千円以下の過料に処せられる。小71条）。このため，振出人と支払人との間で当座勘定取引契約が締結される（⇨2.4）。

19.2　流　通

　小切手の譲渡方法は，小切手が記名式・指図式であるか，持参人払式であるかによって異なる。

　①　**記名式または指図式**　　小切手は法律上当然の指図証券として，指図式の場合はもちろん，記名式の場合でも，裏書によって譲渡することができる（小14条1項）。裏書の要件（小15条），方式（小16条），効力（小17条〜19条），善意取得（小21条），人的抗弁の切断（小22条）については，手形とほぼ同様であるが，次の違いがある。

小切手は引受が禁止されるから，裏書人は支払のみを担保する（小18条1項）。支払人が裏書をして担保責任を負うことは引受を禁止した趣旨に反するから，支払人の裏書は無効とされる（小15条3項）。支払人に対する裏書も，所持人が支払受領の証拠として小切手の裏面に署名するという慣行を考慮して，裏書としての効力を有さず，受取証書としての効力が認められるにすぎない（同条5項）。支払証券である小切手には，質入裏書は，その必要がないことから認められていない。

　②　持参人払式　　持参人払式の小切手（小5条1項3号・2項・3項）は，譲渡の合意と小切手の交付によって譲渡できる。持参人払式小切手の所持人は権利者と推定され（民520条の20・520条の14），善意取得（小21条），人的抗弁の切断（小22条）も裏書と同様に認められる。なお，呈示期間経過後に持参人払式小切手が交付によって譲渡された場合，呈示期間経過後の裏書（期限後裏書）と同様に，民法の債権譲渡の効力のみを有し（小24条1項），善意取得や人的抗弁の切断の規定は適用されない（最判昭和38・8・23民集17巻6号851頁：百選61事件）。

　なお，持参人払式小切手に裏書をしても権利移転の面では無意味であり，担保的効力だけが認められる（小20条）。しかし，これによって持参人払式小切手が指図式小切手に変わるわけはなく（小20条但書），裏書後も小切手は交付によって譲渡することができ，裏書の連続の有無に関わりなく小切手の所持人は権利者と推定される。

　③　指図禁止小切手　　記名式で指図が禁止された小切手は，民法の債権譲渡の方式に従い，かつ，その効力をもってのみ譲渡することができる（小14条2項）。

19.3　小切手保証・支払保証・預手

　(1)　小切手保証　　小切手についても，手形保証と同様の小切手保証が認められるが（小25条以下），実際に利用されることはない。なお，引受を禁止した趣旨から，支払人が小切手保証を行うことはできない（小25条2項）。

　(2)　支払保証　　小切手の信用証券化を防ぐため引受が禁止されるが，

他方で，支払の確実な小切手が必要とされる場合もあることから，支払保証の制度が設けられている（小53条以下）。もっとも，実務では，銀行は小切手の支払保証はせず，その請求があるときには自己宛小切手を交付することにしている（当座勘定規定13条。⇨後述(3)参照）。

支払保証とは，小切手の支払人が，呈示期間内に小切手の呈示があることを条件として，その支払を約束する小切手行為である（小55条）。支払保証は，小切手の表面に「支払保証」その他支払をなす旨の文字を記載し，日付を付して支払人が署名して行う（小53条2項）。支払保証は単純でなければならず，支払保証により小切手の記載事項に変更を加えても，変更の記載はないものとみなされ，単純な支払保証として扱われる（小54条）。

支払保証をした支払人は，すべての小切手所持人に対し，小切手の支払をする義務を負う。しかし引受人のような絶対的な義務を負うものではなく，呈示期間内に支払呈示があることを条件とする（小55条1項）。所持人が，その支払がないとして支払保証人の責任を追及するには，呈示期間内に支払呈示のあったことを拒絶証書またはこれに代わる拒絶宣言（小39条）によって証明しなければならない（小55条2項。遡求と異なり，その作成を免除することは認められていない）。支払保証人に対する請求権は，呈示期間経過後1年の時効によって消滅する（小58条）。

なお，支払保証は小切手の支払ではないから，支払保証により，振出人その他の小切手上の債務者はその義務を免れるものではない（小56条）。

(3)　**預金小切手**　　実務では，支払保証に代えて，銀行が自己を支払人として振り出す自己宛小切手（小6条3項）が用いられる。自己宛小切手のうち，振出店舗と支払店舗とが同一のものを預金小切手（預手）という（これに対して，送金のため，送金目的地にある店舗を支払店舗とした小切手を送金小切手という）。

自己宛小切手は，銀行が取引先から小切手金額と同額の資金を受け入れ，これに基づいて小切手を振り出すのであり，銀行と振出依頼人である取引先との間には，支払委託の関係はなく，小切手の売買類似の関係があると解される。自己宛小切手を振り出した銀行は，振出人として遡求義務を負うため，支払保証と同様に支払の確実な小切手であり，取引上，現金と同

212　■第19章　小　切　手

様に扱われている。したがって，特段の事情がない限り，自己宛小切手に
よる弁済の提供は債務の本旨に従った履行の提供となる（最判昭和37・9・
21民集16巻9号2041頁）。

19.4　支　払

　支払証券である小切手は常に一覧払であり（小28条1項），所持人はいつ
でも小切手を呈示してその支払を求めることができる。
　支払呈示の場所は，第三者方払いの記載がある場合（小8条）を除き，
支払人である銀行の営業所である。小切手の所持人は，支払銀行に出向い
て店頭で小切手を支払呈示することもできるが，手形交換所における支払
呈示が認められており（小31条），自己の取引銀行に小切手の取立を依頼し，
手形交換所を通じて支払呈示をするのが通常である。
　支払呈示期間は，振出地と支払地が国内にある小切手にあっては，10日
である（小29条1項）。振出地と支払地が異なる国にある小切手で，振出地
と支払地が同一州にあるときは20日であり，異なる州にあるときは70日で
ある（同条2項）。期間の算定にあたっては初日を参入しないから（小61条），
支払呈示期間の算定に際しても振出日を参入しない（小29条4項の「起算
日」は「初日」の意味である）。支払呈示は取引日にしかできない（小60条1
項）。休日は呈示期間に参入されるが，期間の末日が法定の休日の場合，
呈示期間は次の最初の取引日まで伸長される（同条2項）。呈示期間内に支
払呈示することを怠ると，振出人や裏書人などに対する遡求権を失う（小
39条）。
　呈示期間経過前には，振出人は支払委託を取り消すことができず，たと
え取り消しても呈示期間経過後にその効力を生じるにとどまる（小32条1
項）。支払委託の取消とは，振出人が小切手の振出によって支払人に与えた
支払権限を撤回することをいう。したがって，呈示期間経過前に支払委託
の取消があっても，呈示期間内に小切手が支払呈示された場合，支払人は
小切手を支払って振出人の計算に帰せしめることができる。小切手の支払
証券としての機能を確保するためである。もっとも，支払人は小切手上の

■ 19.4　支　払　　213

義務者ではなく，小切手の支払を拒絶しても，所持人に対して責任を負うことはないから，実際には，支払人である銀行は，取引先である振出人の意思を尊重して支払を拒絶するのが通常である。

呈示期間経過後の支払委託の取消は有効であり，小切手を支払った支払人は，その結果を振出人の計算に帰せしめることができない。しかし，呈示期間経過後であっても，支払委託が取り消されない限り，支払人は小切手を支払って振出人の計算に帰せしめることができる（小32条1項）。小切手の呈示期間は短いため徒過されやすく，支払委託の取消がなければ，小切手の支払によって原因関係を決済するのが，振出人の通常の意思に合致するからである。

なお，預金小切手（⇨19.3(3)）に盗難・紛失などの事故があった場合に，振出依頼人である取引先が振出銀行に対してその支払を止めるよう依頼することがあるが，これは支払委託の取消ではなく，銀行に無権利者に対する支払を行わないよう注意を促す事故届けの意味しかない。

小切手法35条は，指図式小切手の支払について，支払人は裏書連続の整否を調査する義務はあるが，裏書人の署名を調査する義務はないと定めるだけで，手形法40条3項のような支払人の免責を定めていない。これは小切手の支払人は小切手上の義務者ではないため，免責という形で規定しなかったにすぎず，解釈上は，為替手形の支払人による支払の場合と同様，持参人払式小切手の所持人または指図式・記名式小切手の裏書の連続する所持人に対して支払をすれば，悪意・重過失がない限り，有効な支払として，支払の結果を振出人の計算に帰せしめることができると解されている。

偽造または（金額が）変造された小切手にあっては，小切手金額について振出人からの有効な支払委託がなく，支払人は支払の結果を振出人の計算に帰せしめることはできない。しかし，銀行は，当座勘定取引契約の締結の際に銀行から交付された統一小切手用紙を用い，かつ，銀行届出印を用いて振り出された小切手に対してのみ支払をなすこととなっているから，銀行が偽造に気づかずに小切手の支払をする場合，振出人の側に小切手用紙や銀行届出印の管理に落ち度があるのが通常であり，その支払による損失は振出人が負担すべきものである。銀行が変造に気づかずに支払をした

214　■第19章　小　切　手

ことに過失がない場合も，振出人の側に変造の原因がある（変造の容易な記載をしたなど）のが通常である。そこで当座勘定規定16条は，銀行が相当の注意をもって印鑑照合をして支払った場合には，偽造・変造によって生じた損害につき銀行は責めを負わない旨の免責条項を定める。

19.5 線引小切手

　小切手は常に一覧払いであり，持参人払式のものが通常だから，盗難や紛失などの事故があった場合，不正に小切手を取得した者がその支払を受けてしまう危険が大きい。この危険を防止するため，線引小切手の制度が設けられている（小37条以下）。

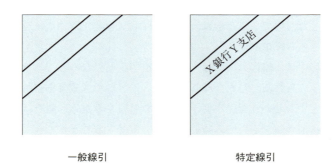

一般線引　　　　　　　特定線引

　線引小切手（横線小切手）とは，小切手の表面に二本の平行線を引いて，銀行または支払人の取引先に対してのみ支払うことができるとした小切手である。線引小切手の所持人は，自己の取引銀行を通じて支払を受けることになるため，盗難・紛失の被害者は，支払人から支払を受領した者から小切手の流通経路を遡って不正取得者を知ることができ，これによって不正な取得者が小切手の支払を受ける危険を防止しようとする。

　線引小切手には，一般線引小切手と特定線引小切手の2種類がある（小37条2項）。線引は，振出人のほか所持人もこれをなすことができる（同条1項）。

　① 一般線引小切手は，小切手の表面に二本の平行線を引き，その線内に何の指定もないか，または，銀行もしくはこれと同一の意義を有する文

字を記載したものである（同条3項前段）。その効力は，支払人が支払をなし得る相手方を銀行または支払人の取引先に限定することにある（小38条1項）。銀行でも支払人の取引先でもない一般線引小切手の所持人は，自己の取引銀行に取立を委任して，その支払を受けることになる。

　② **特定線引小切手**は，小切手の表面に二本の平行線を引き，その線内に特定の銀行の名称を記載したものである（小37条3項後段）。特定線引小切手の支払人は，被指定銀行に対してのみ支払をすることができ，また被指定銀行が支払人である場合は，自己の取引先に対してのみ支払をすることができる（小38条2項）。なお，複数の特定線引がある場合，支払人は支払をすることができない（同条4項）。不正の所持人が，特定線引を書き加えて取立をする危険があるからである。ただし，2個の特定線引がある場合で，その1個が，被指定銀行が加盟銀行でない手形交換所での取立をするためにしたものであるときは，支払人は取立を委任された銀行に支払うことができる（同項但書）。

　線引小切手は，流通の面では，通常の小切手と異なるところはなく，善意取得も認められる。ただ，支払を受けることができる者を銀行または取引先に限定するという線引小切手の趣旨を徹底するため，銀行は自己の取引先または他の銀行からのみ線引小切手を取得することができ，これら以外の者のために取立をすることが禁じられる（小38条3項）。

　「取引先」とは，継続的な銀行取引関係のある者であって，素性の明らかな者をいう。預金口座の開設と同時に線引小切手を預け入れた者は，取引先には該当しない。

　線引に違反してなされた支払や取立も無効ではない。取引先でない者への支払であっても，支払を受けた者が小切手の正当な所持人であれば，支払として有効である。銀行が取引先でない者から線引小切手を取得した場合も，譲渡人が権利者であれば銀行は権利を取得し，譲渡人が無権利者である場合に善意取得が当然に否定されるわけでもない。ただし，線引に違反した支払や取立の結果，小切手の正当な所持人が損害を受けた場合，違反した支払人および取立銀行は，小切手金額を上限として賠償する責任を負う（小38条5項）。この責任は無過失責任であり，支払人が小切手を所持

する者が正当な権利者であると過失なく信じて支払をした場合でも，この責任を免れることはできない。

　一般線引を特定線引に変更することはできるが，特定線引を一般線引に変更することは許されない（小37条4項）。線引または被指定銀行の名称を抹消しても，抹消がないものとみなされる（同条5項）。線引小切手の趣旨から，支払を受けうる者を限定する方向での変更は許されるが，これを緩和する方向での変更は許されないのである。

　いったん記載した線引を抹消する必要のある場合がある（小切手の交付先が設立後間もない会社で，銀行との間に継続的な取引関係がない場合など）。この実務の必要から，当座勘定規定18条は，線引小切手の裏面に振出人の届出印が押捺されている（裏判）ときは，銀行は持参人に支払うことができ，これによって小切手法38条5項の規定する損害が発生しても銀行は責めを負わない旨を定める。線引の抹消に小切手上の効力は認められないが，振出人と支払人との間で，小切手外の合意として，線引の効力を排除する旨を合意することは妨げられない（最判昭和29・10・29金判529号13頁：百選96事件）。この合意は当事者間でしか効力がないから，取引先でない者に支払った結果，第三者が損害を受けた場合には，支払人は小切手法38条5項の定める責任を免れることはできない。そこで，当座勘定規定は，銀行が第三者にその損害を賠償した場合には振出人に求償することができる旨を定める。

19.6　遡求その他

　小切手を呈示期間内に支払呈示したが，その支払が拒絶された場合，所持人は，裏書人，振出人その他の債務者に対して遡求することができる（小39条）。小切手の遡求については，手形について述べたところがほぼ妥当する。ただし，小切手は，引受が禁止されるため引受拒絶による遡求はなく，常に一覧払であるため満期前遡求もない。

　支払が拒絶されたことの証明方法としては，拒絶証書によるほか，小切手に呈示の日を記載し，かつ日付を付した支払人の拒絶宣言，および適法

の時期に小切手を呈示したが支払がなかった旨を証明し，かつ日付を付した手形交換所の宣言が認められている（小39条）。実際には，支払人の拒絶宣言が利用されている。なお，支払拒絶証書は小切手の付箋にも行うことができるが（拒絶証書令3条），支払人または交換所の宣言は，小切手自体になされることを要し，付箋に記載しても無効である（大判昭和12・2・13民集16巻112頁）。今日の統一小切手用紙には「拒絶証書不要」の文言が小切手表面に印刷されており，振出人による拒絶証書作成免除は，すべての署名者に対してその効力が生じるから（小42条3項），所持人は，拒絶証書またはこれと同一の効力を有する宣言なしに，すべての署名者に対して遡求することができる。

小切手の時効についても，手形について述べたところがほぼ妥当する。ただし，支払証券である小切手は，時効期間が短く，遡求権は呈示期間経過後6ヶ月で時効により消滅する（小51条1項）。遡求義務を履行した者の前者への再遡求は，受け戻した日または訴えを受けた日から6ヶ月で時効消滅する（同条2項）。なお，手形と同じく，訴訟告知による時効の完成猶予が認められる（小73条）。

小切手には主たる債務者がいないため，呈示期間内の支払呈示を怠ると，小切手所持人は小切手の支払を請求する権利を失う。遡求権が時効により消滅した場合も同じである。この場合，小切手所持人には振出人（支払保証の場合は支払人）に対する利得償還請求権が認められる（小72条）。もっとも，呈示期間経過後も支払委託の取消がない限り小切手は支払われることになっているので（小32条2項），呈示期間内の支払呈示を怠った小切手所持人は，まず，支払人に小切手を支払呈示し，その支払が拒絶された場合に，振出人に対して利得償還請求権（あるいは原因関係上の権利）を行使することになる。

補　論

手形に代わる信用手段

　これまでわが国では，企業取引における信用手段として手形が広く利用されてきた（⇨2.2）。しかし，企業のIT化が進むと，手形を用いることのコスト（作成，保管などのコストや印紙税）やリスク（盗難など）が無視できなくなり，手形を用いない信用手段が発展し，広く普及するようになった。ここでは，一括決済方式と電子記録債権について，その仕組みを概観する。

■補論-1　一括決済方式

　多くの仕入先から商品等の納入を受ける企業（支払企業）が，各仕入先に対して負担した代金債務の支払に関し，支払手形を廃止して，仕入先毎の支払明細を電子データにして支払銀行（支払企業との間でこのシステムを利用する契約を結んだ銀行）に渡し，その支払明細に従って各仕入先に支払をなすべきことを委託する方式を一括決済方式という。支払手形を廃止して，手形の振出にかかるコスト（特に印紙税）の削減を図るもので，大企業を中心に広く利用されている。

　一括決済方式では，仕入先が売掛債権を資金化するため，提携銀行（仕入先の取引銀行）が，仕入先から代金債権を譲渡担保として譲り受け，その債権額の範囲内で仕入先に融資することが合意される（国税徴収法24条との関係で，現在では譲渡担保構成は採られず，ファクタリング方式が用いられるが，債権譲渡の第三者対抗要件が民法と債権譲渡特例法の二本立てとなって二重譲渡リスクが無視できないため，債権譲渡によらない併存的債務引受方式も利用される）。

219

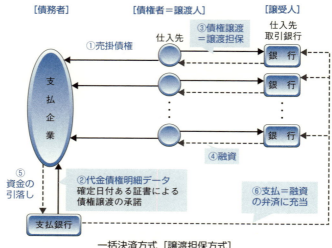

一括決済方式 [譲渡担保方式]

　売掛債権の譲渡担保は民法の債権譲渡によって行われるが，支払企業が確定日付のある証書によって包括的な債権譲渡の承諾を行って対抗要件を満たす（民467条）。その際，支払企業が抗弁の放棄（改正前民法の異議なき承諾）を行えば，手形と同じ抗弁の切断が生じ，提携銀行は安心して売掛債権を譲渡担保に取って仕入先に融資を行うことが可能となる。

■補論-2　電子記録債権

　手形は，金銭債権を紙に表章させることで債権譲渡に伴うコストとリスクを削減し，金銭債権の流動化を図る仕組みであった。同じことを，金銭債権を電子記録にすることで実現するのが電子記録債権であり，2007年に金銭債権を活用した事業者の資金調達の円滑を図ることを目的として「電子記録債権法」が制定された。電子記録債権は，電子手形とも呼ばれるように，法的な基本構造は約束手形に極めて類似し，約束手形のアナロジーで理解が容易であろう。なお，2013年に全国銀行協会による「でんさいネット」(http://www.densai.net/) が稼働したが，手形と同じ不渡処分（⇨2.4.4）を備えていることから，普及に拍車がかかることが期待される。

1. 電子記録債権とは

電子記録債権とは，その発生または譲渡について電子記録を要件とする金銭債権をいう（電子記録2条1項）。電子記録を要件とする金銭債権には，①電子記録債権（同15条・16条。手形債権に対応），②電子記録保証債権（同31条・32条。遡求権および手形保証に対応），③支払等をした電子記録保証人が取得する特別求償権（同35条。再遡求権に対応）がある。

(1) 電子記録

電子記録は，電子記録債権の発生・譲渡の要件であり，電子債権記録機関の記録原簿に記録して行う（電子記録3条）。電子記録は，原則として，当事者双方（債権者と債務者，譲渡人と譲受人）の請求に基づいて行う（同4条1項・5条1項）。

(2) 無因性・文言性

電子記録債権の発生・譲渡は，電子記録によって生じるので，手形と同様，その原因となった法律関係によって影響を受けない無因性が認められる。原因関係の無効などは，当事者間における人的抗弁として，電子記録債権の譲受人に対抗することができない（電子記録20条）。電子記録債権の内容は，債権記録の記録により定まる（同9条1項）ので，手形と同じく，文言性が認められる。

(3) 民法の意思表示に関する規定の特則

電子記録の請求における民法95条・96条に基づく意思表示の取消しは，善意・無重過失の第三者（強迫による取消しにあっては，取消し後の第三者に限る）に対抗することができない（電子記録12条1項）。

電子記録債権も手形と同様の取引安全確保の要請があるため，善意無重過失の第三者は保護されることを明示した，と説明される。もっとも，譲渡記録の場合は，善意取得（電子記録19条）によって保護されるし，発生記録については，手形の振出につき判例は人的抗弁（同20条）と解している（⇨6.4）ことからすれば，本条に関しては若干，不明確な点がある。

ただし，上記特則は，①支払期日以後の譲渡等（期限後裏書に対応），②

消費者が意思表示を取消した場合には，適用しない（電子記録12条2項）。②は，取引安全より消費者保護を優先すべきことを理由とする。

(4) 無権代理・偽造

法は，無権代理人または本人になりすました者の請求による電子記録は，原則として，本人に効力が生じない（民113条1項）ことを前提に，電子債権記録機関の損害賠償責任を規定する（電子記録14条）。電子債権記録機関は，代表者および使用人その他の従業者がその職務を行うについて注意を怠らなかったことを証明するのでなければ，この責任を免れることはできない。

無権代理人は民法117条により責任を負うが，同条2項の免責は，相手方が悪意・重過失の場合に限り認められる（電子記録13条）。本人になりすました者も，手形の偽造の場合と同じく，民法117条の類推による責任を負うことになろう。

2. 電子記録債権の発生

電子記録債権は発生記録によって生ずる（電子記録15条。約束手形の振出に対応）。

発生記録には，次の事項を記録しなければならない（電子記録16条1項。手形要件に対応）。①債務者が一定の金額を支払う旨，②支払期日（確定日に限る。分割払の場合は各支払期日），③債権者の氏名または名称および住所，④債権者が2人以上ある場合において，その債権が不可分債権であるときはその旨，可分債権であるときは債権者ごとの債権の金額，⑤債務者の氏名または名称及び住所，⑥債務者が2人以上ある場合において，その債務が不可分債務または連帯債務であるときはその旨，可分債務であるときは債務者ごとの債務の金額。

上記事項のいずれかの記録が欠けているときは，電子記録債権は発生しない（電子記録16条3項）。一定の金額，支払期日，債務者が発生記録の要件とされるため，これらが確定していない金銭債権（将来債権）を電子債権とすることはできない。なお，上記要件の他，記録番号と電子記録の年月日が記録される。

222　　■補　論　手形に代わる信用手段

(1) 有益的記載事項（電子記録16条2項）

実務上，利用される可能性のある約定が網羅されている。利息や違約金（電子記録16条2項4号），期限の利益喪失（同5号），弁済充当の指定（同7号）などの定めのほか，譲渡禁止その他の譲渡制限の定め（同12号）も認められる。善意取得や人的抗弁の切断の適用がない旨の記載も認められる（同8号・10号・11号）。

なお，消費者については，民法の意思表示の取消しの特則（電子記録16条2項12条），善意取得（同19条），人的抗弁の切断（同20条）の適用がないため，債務者または債権者が個人の場合に，個人事業者である旨（消費者契約法2条1項参）の記載が認められる（電子記録16条2項9号）。

(2) 分割

電子記録債権は分割をすることができる（電子記録43条1項）。分割記録の請求は債権者だけですることができる（同3項）。シンジケートローンや貸出債権の流動化などへの活用が期待されている。

3. 電子記録債権の譲渡

電子記録債権の譲渡は，譲渡記録をしなければ，その効力を生じない（電子記録17条。裏書に対応）。

二重譲渡などにより複数の譲渡記録の請求がされた場合，請求の順序による（同8条1項）。同時請求の場合は，いずれの請求に基づく記録もされない（同8条2項・3項）。

(1) 資格授与的効力

電子記録名義人は，電子記録に係る電子記録債権についての権利を適法に有するものと推定される（電子記録9条2項）。したがって，電子記録名義人の権利を争う者が，その無権利であることの主張・立証責任を負う。権利推定を基礎に，善意取得（同19条1項）と債務者の支払免責（同21条）が定められる。

(2) 担保的効力はない

手形と異なり，電子記録債権の譲渡人は担保責任を負わない。譲渡人は，

■ 補論-2　電子記録債権　　223

保証記録（電子記録31条）をすることで担保責任を負う。

4. 善意の譲受人の保護

(1) 善意取得

譲渡記録の請求により電子記録債権の譲受人として記録された者は，当該電子記録債権を取得する。ただし，その者に悪意または重大な過失があるときは，この限りでない（電子記録19条1項）。なお，①発生記録で善意取得の適用を排除する旨の記載がある場合，②支払期日後の譲渡記録の場合（期限後裏書に対応），③消費者による譲渡が意思表示の取消しにより効力を有しない場合には，善意取得は認められない（同19条2項）。

条文の文言上は，譲渡（正確には譲渡記録の請求の意思表示）が意思表示の瑕疵や行為能力の制限により取り消された場合でも，相手方が善意・無重過失であれば電子記録債権を取得する（善意取得の適用範囲につき無制限説をとる⇨12.4.2）かのように読めるが，立案担当者は，善意取得の適用範囲については，手形と同様，解釈に委ねられると解する。

(2) 人的抗弁の切断

発生記録における債務者または電子記録保証人（以下「電子記録債務者」という）は，電子記録債権の債権者に当該電子記録債権を譲渡した者に対する人的関係に基づく抗弁をもって当該債権者に対抗することができない。ただし，当該債権者が，当該電子記録債務者を害することを知って当該電子記録債権を取得したときは，この限りでない（電子記録20条1項）。なお，①発生記録で人的抗弁切断の適用を排除する旨の記載がある場合，②支払期日後の譲渡記録の場合（期限後裏書に対応），③電子記録債務者が消費者である場合には，人的抗弁は切断されない（同20条2項）。

人的抗弁の切断については，手形法の解釈（⇨12.1～12.3）が参考になろう。

5. 支 払

電子記録名義人に対する支払は，支払をした者に悪意または重大な過失があるときを除き，効力を有する（電子記録21条）。手形法40条3項と同趣

旨の規定だが，手形と異なり，支払期日前の支払にも免責が認められる。

（1） 支払等記録

支払により電子記録債権は消滅するが，その旨の電子記録をしないと人的抗弁として扱われる。そこで，支払をする者は，支払と引換えに，支払等記録を請求することの承諾を請求することができる（電子記録25条）。支払等記録の記録事項は第24条で定められる。

（2） 口座間送金決済

電子記録債権の支払は，通常，口座間送金決済が想定されている。口座間送金決済とは，電子債権記録機関，債務者及び銀行の合意に基づき，あらかじめ電子債権記録機関が当該銀行に対し債権記録に記録されている支払期日，支払うべき金額，債務者口座および債権者口座に係る情報を提供し，当該支払期日に当該銀行が当該債務者口座から当該債権者口座に対する払込みの取扱いをすることによって行われる支払をいう（電子記録62条2項）。口座間送金決済による支払が行われると，銀行からの通知に基づき，電子債権記録機関が支払等記録を行う（同63条2項）。これにより，支払と支払等記録の同期が確保され，債務者は二重払いの危険を回避することができる。

（3） 支払猶予

電子記録債権の内容の変更は，原則として，変更記録をしなければ，その効力を生じない（電子記録26条）から，電子記録債権につき支払猶予をする場合，変更記録が必要となる。その手続につき，同27条（記録事項）・29条（変更記録の請求）。

6. 電子記録保証

電子記録保証に係る電子記録債権は，保証記録をすることによって生ずる（電子記録31条。裏書人の担保責任，手形保証に対応）。保証記録の記録事項が同32条で定められる。

電子記録保証の独立性が電子記録債権法33条で規定される（手形保証独立の原則に対応）が，電子記録保証人が消費者である場合には，適用され

■ 補論-2　電子記録債権　　225

ない。

　電子記録保証には，民法452条，453条および456条から458条まで並びに商法511条2項の規定は適用されない（電子記録34条1項）。

7. 特別求償権

　出えんをして支払等記録をした電子記録保証人は，主たる債務者，自己以前の電子記録保証人および同一の債務を主たる債務とする他の電子記録保証人に対し，電子記録債権を取得する（電子記録35条）。

　手形の再遡求に対応する。このほか，民法上の求償権，法定代位も認められる。

8. 消滅時効

　電子記録債権は，これを行使することができる時から3年で時効消滅する（電子記録23条）。なお，手形の利得償還請求権に対応する規定はない。

事項索引

あ　行

悪意　147
悪意の抗弁　136
　　相殺と――　138
　　融通手形と――　139
意思能力　56
意思表示　60
　　――の瑕疵　55, 135
一部裏書　115
一部支払　167
一覧後定期払　92
一覧払　91, 208
一括決済方式　219
一般線引小切手　215
印鑑照合　49, 174, 215
受取人
　　為替手形の――　3, 89, 97
　　小切手の――　4, 200, 203
　　約束手形の――　9, 211
受取人欄の変造　124
受戻証券性　26, 167
裏書　7, 37, 114
　　――の記載　115
　　――の不連続　125
　　――の抹消　123
裏書禁止裏書　118
裏書禁止手形　127
裏書人　7
裏書連続　23, 120, 169
　　――の効果　120
裏判　217
越権代理　70, 72
延期手形　175
横線小切手　215

か　行

外形理論　79

外国通貨現実支払文句　166
買戻請求権　151
書合手形　140
書換手形　175
架橋説　126, 170
確定日払　91
　　――手形　94
隠れた手形保証　186
隠れた取立委任裏書　154, 157
隠れた保証　183
　　――のための裏書　136
隠れた保証人間の求償　186
貸越限度枠　29
株券　21, 29
　　――の発行　53
　　――喪失登録制度　30
　　――発行会社　29
株主名簿　29
　　――の名義書換　29
過振り　20
為替手形　4, 199
　　――文句　200
機関方式　65, 67
期限後裏書　152
偽造　72
　　――と表見代理　78
　　――の追認　73
偽造者行為説　74
偽造者の責任　73
基本手形　85
基本手形行為　38
記名式裏書　116
記名証券　24
記名捺印　48
客観説　104
強行法規違反　59
供託　173
共同振出　96

227

手形保証と―― 184
強迫 64
拒絶証書 180, 187, 205, 214
――作成免除 180, 205, 218
拒絶宣言 212
金券 24
銀行届出印 20, 49, 174
銀行取引約定書 12, 19
空券 32
形式的資格 27, 120
原因関係 39
――上の抗弁 134
原因債務 188
厳格な要式証券 38, 43, 88, 209
現金代用物 9, 207
権利移転的効力 117
権利外観責任 42, 123
権利外観理論 52, 61, 80, 104, 123, 133
権利推定 27, 125
権利濫用 59, 185
――の抗弁 142
合意管轄文句 98
行為能力 55
更改 178
交換手形 140
口座間送金決済 225
公示催告 192
後者の抗弁 142
公序良俗違反 59
公然の取立委任裏書 154
合同責任 179, 184
交付契約説 51
交付欠缺 51, 133, 135
抗弁の切断 130
考慮期間 203
小切手 8, 207
――金額 209
――契約 17
――保証 211
――文句 209
――要件 209

さ 行

再遡求 173, 178
詐欺 64

先日付小切手 209
錯誤 62
指図禁止小切手 211
指図禁止手形 24, 127
指図証券 23
指図文句 114
参加 205
――支払 205
――引受 37, 205
CP（コマーシャル・ペーパー） 14
資格授与説 157
資格授与的効力 119, 223
自己宛小切手 210, 212
自己宛手形 201
時効 187, 226
――の完成猶予 187
自己受手形 201
自己指図小切手 210
自己指図手形 201
持参人払式 9, 208, 211
――裏書 116
――小切手 209
――証券 23
自署 47
買入裏書 154, 162
支払
――に代えて 188
――のため 189
――の猶予 174
一部―― 167
為替手形の―― 204
支払担当者による―― 173
満期前の―― 172
約束手形の―― 164
支払委託 200, 209
――の取消 213
支払拒絶 179
支払指図 199
支払担当銀行 173
――の免責 174
支払担当者 98
支払地 89, 93, 201, 209
支払呈示 164
――期間 165, 213
支払等記録 225

支払人
　　為替手形の―― 5, 200, 201
　　小切手の―― 8, 207, 209
支払場所 94, 98, 173, 201
支払保証 37, 211
支払約束の単純性 88
支払約束文句 88
支払猶予 174
支払をなすべき日 90, 165
紙幣 24
重過失 147
主観説 103
修正適用説 61
ジュネーブ条約 6
準白地手形 102
償還義務 118
償還権 182
償還請求 178
商業手形 11
　　――担保貸付 14
証券の安全的機能 23, 26
証拠証券 24
使用者責任 79
商事留置権 161
商担手貸 14
譲渡裏書 117
譲渡記録 223
譲渡担保 162
消費者保護 222
除権決定 27, 192, 193
　　――と善意取得 193
署名 46
　　――なければ責任なし 46
　　――の代行 49
白地小切手 212
白地式裏書 116
白地手形 100
　　――上の権利 102
　　――による訴えの提起と時効の完成猶予
　　　109
　　――の喪失と除権決定 192
　　――の要件 101
　　――の流通 108
　　準―― 102
　　満期―― 103

白地の不当補充 107, 109, 135
白地補充権 102
　　――の時効 105
　　――を行使し得べき時 107
信託裏書説 157
人的抗弁 31, 42, 131, 133, 221
　　――の個別性 141, 185
　　――の切断 11, 31, 40, 114, 131, 224
信用状 16
信用証券 9
設権証券 31
折衷説 104
善意取得 11, 28, 114, 130, 144, 224
　　――によって治癒される瑕疵の範囲
　　　145
線引小切手 208, 215
送金 15
送金小切手 212
相殺と手形の受戻し 167
相殺の抗弁 134
創造説 52
相対的無効説 69
遡求 178, 204, 217
　　――金額 182
　　――権保全効 164
　　――の通知 181
　　――の方法 182
　　支払拒絶による―― 204
　　満期前の―― 204
遡求義務 8, 11, 118
　　――義務者 173
訴訟告知 188
訴訟信託 158
損害賠償額予定文句 98

た 行

第三者方払 93, 97
　　――文句 97, 98
代物弁済 176, 188
代理権濫用 68
代理受領 157
代理人 65
代理方式 65
他人の名称による署名 47
短期金融市場 14

■ 事項索引　　229

短期社債　15
担保責任　5, 7
担保的効力　118
担保のため　189
調査権　169
追認　58, 70
D/A 荷為替　16, 92
D/P 荷為替　16, 91
呈示（提示）　25
呈示期間　208
　　──経過後　165, 172
呈示証券性　25
手形オペレーション　14
手形貸付　13
手形客観解釈の原則　37, 42, 93
手形金額　89, 200
　　──の誤記　89
手形権利能力　55
手形行為　37
　　──が有効に成立していない旨の抗弁
　　133
　　──と権利外観　61
　　──能力　57
　　──の無因性　43
　　──の文言性　42
手形行為独立の原則　37, 43, 44, 184
　　──と悪意の取得者　45
手形交換　19
手形交換所　11, 165
手形訴訟　194
手形の書換　175
手形の交付　51, 115
手形の失権　190
手形の喪失　192
手形法 8 条類推適用説　74
手形保証　183
　　──と共同振出　184
　　──の独立性　185
　　──の付従性　184
手形要件　85, 86, 200
手形割引　12
適用排除説　61
でんさいネット　220
電子記録　221
電子記録債権　220

電子記録保証　225
同一性　171
　　──の問題　123
統一手形用紙　17, 87
当座勘定規定（ひな型）　18
当座勘定取引契約　17, 210
同所払手形　98
謄本　206
特定線引小切手　216
特別求償権　226
特約に基づく抗弁　134
取立　15
取立委任裏書　154
取引先　216
取引停止処分　19

な　行

名板貸　81
捺印　48, 49
なりすまし　222
荷為替信用状　17
荷為替手形　15
二重授権　199
　　──の抗弁　143
二段階行為説　52
日本銀行券　24
ノン・リコース　118

は　行

発生記録　222
被裏書人　7, 116
　　──名の抹消　124
引受　5, 37, 199, 201
　　──のための呈示　202
　　──の方式　202
　　一部──　204
引受呈示の禁止　202
引受呈示命令　203
引受人　5
非設権証券　30
日付後定期払　91
表見支配人　77
表見代表取締役　77
表見代理　71, 73, 75
ファクタリング　118

———方式　219
複本　206
不実の登記　77
不単純引受　203
付遅滞効　164
不知文言　32
不知約款　32
物的抗弁　58, 131, 132
不当利得　41
振替決済　29
振出　37, 85, 199, 208
振出地　95, 201, 209
振出人　3, 95, 201, 209
———の免責　168
振出日　94, 201, 209
———の記載を欠く確定日払手形　94
プリペイド・カード　25
不渡　18
不渡処分　11, 19, 220
不渡届　19
併存的債務引受方式　219
変造　110
———と立証責任　111
　署名者に原因のある———　113
拇印　49
法人等の署名の方式　50
法律上当然の指図証券　114
保管振替制度　29
保証　37
補箋　115

ま　行

満期　90, 200
———記載のない手形　93
———白地手形　101, 106
———における支払　169
———の種類　91
未補充の白地手形の取得者と手形法10条
　108

民法の債権譲渡の方法による手形の譲渡
　128
無因証券　31, 89
無因性　37, 221
無益的記載事項　86, 97, 98
無記名証券　23
無権代理　70, 171
———人の責任　71
無担保裏書　118
無費用償還　97, 180
免責証券　24
戻裏書　149
戻手形　182
文言証券　31
文言性　37, 221

や　行

約束手形　3, 85～
———文句　88
有因証券　30
有益的記載事項　86, 97, 223
有害的記載事項　86, 99
有価証券　21
融通手形　14
———の抗弁　139, 140
預金小切手（預手）　212

ら　行

利益相反取引　69
利息文句　97
立証責任の転換　11
利得償還請求権　190, 191, 218

わ　行

割引　12
———手形の買戻し　12

■ 事項索引　　231

判例索引

大判明治39・5・17民録12輯758頁　57
大判明治40・5・31民録13輯608頁　103

大判大正7・10・29民録24輯2079頁　189
大判大正9・3・10民録26輯301頁　60
大判大正10・7・13民録27輯1318頁　48
大判大正10・10・1民録27輯1686号　100
大判大正11・6・15民集1巻325頁　103
大判大正11・9・29民集1巻64頁：百選9事件　58
大判大正11・12・28新聞2084号21頁　60
大判大正12・6・13民集2巻401頁　176
大判大正13・5・21民集3巻293頁　98
大判大正14・7・2民集4巻388頁　159

大判昭和3・7・16新聞2891号15頁　32
大判昭和5・12・6新聞3210号7頁　98
大判昭和7・7・9民集11巻1604頁　58,70
大判昭和7・11・19民集11巻20号2120頁　49
大判昭和8・4・6民集12巻551頁　188
大判昭和8・9・15民集12巻2168頁　48
大判昭和8・9・28民集12巻2362頁　58,70
大判昭和9・5・25民集13巻842頁　176
大判昭和9・7・3・法学3巻1466頁　91

大判昭和11・1・18新聞3974号12頁　142
大判昭和11・1・18新聞3974号9頁　175
大判昭和11・2・12民集15巻357頁　32
大判昭和12・2・13民集16巻112頁　218
大判昭和13・12・27民集17巻2848頁：総則・商行為百選91事件　32
大判昭和15・9・26民集19巻1729頁　122
大判昭和16・1・27民集20巻25頁　136
大判昭和16・8・26民集20巻1125頁　137
大判昭和19・6・23民集23巻378頁：百選29事件　137

最判昭和23・10・14民集2巻11号376頁：百選86事件　189
最判昭和25・2・10民集4巻2号23頁：百選7事件　64

最判昭和26・2・20民集5巻3号70頁　137
最判昭和26・10・19民集5巻11号612頁　64
最判昭和27・2・15民集6巻2号77頁：会社百選1事件　55
最判昭和27・11・25民集6巻10号1051頁　122
最判昭和29・10・29金判529号13頁：百選96事件　217
最判昭和29・11・18民集8巻11号2052頁　62,177

最判昭和30・2・1民集9巻2号139頁　164
最判昭和30・5・31民集9巻6号811頁　137
最判昭和30・9・22民集9巻10号1313頁　185
最判昭和30・9・23民集9巻10号1403頁　121
最判昭和30・9・30民集9巻10号1513頁：百選50事件　122
最判昭和30・11・18民集9巻12号1763頁　137
最判昭和31・2・7民集10巻2号27頁：百選53事件　126,158
最判昭和31・4・27民集10巻4号459頁　177
最判昭和31・7・20民集10巻8号1022頁：百選40事件　104
最判昭和32・7・25刑集11巻7号2037頁　21
最判昭和33・3・7民集12巻3号511頁　109,179
最判昭和33・3・20民集12巻4号583頁：百選46事件　45
最判昭和33・6・3民集12巻9号1287頁：百選87事件　189
最判昭和33・6・17民集12巻10号1532頁：百選11事件　177
最判昭和33・12・11民集12巻16号3313頁　109
最判昭和34・2・6民集13巻1号81頁　180
最判昭和34・6・9民集13巻6号664頁：百選84事件　190
最判昭和34・7・14民集13巻7号978頁：百選26事件　139
最判昭和35・1・12民集14巻1号1頁：百選23事件　146
最判昭和35・2・11民集14巻2号184頁　176
最判昭和35・4・12民集14巻5号825頁：百選

62事件　183

最判昭和35・4・14民集14巻5号833頁：総則・商行為百選5事件　47

最判昭和35・10・21ジュリスト217号214頁　94

最判昭和35・10・25民集14巻12号2720頁：百選32事件　137

最判昭和35・11・1判時243号29頁　103

最判昭和35・12・27民集14巻14号3234頁　81

最判昭和36・6・9民集15巻6号1546頁：百選18事件　79

最判昭和36・7・31民集15巻7号1982頁：百選3事件　50,96

最判昭和36・11・24判時302号28頁　151

最判昭和36・11・24民集15巻10号2519頁　120

最判昭和36・11・24民集15巻10号2536頁：百選44事件　106,108

最判昭和36・12・12民集15巻11号2756頁：百選10事件　76

最判昭和37・5・1民集16巻5号1013頁：百選28事件　138

最判昭和37・9・7民集16巻9号1870頁　153

最判昭和37・9・21民集16巻9号2041頁　213

最判昭和38・1・30民集17巻1号99頁：百選76事件　165,188

最判昭和38・5・21民集17巻4号560頁：百選83事件　191

大阪高判昭和38・6・27高民集16巻4号280頁　69

最判昭和38・8・23民集17巻6号851頁：百選61事件　211

最判昭和38・11・19民集17巻11号1401頁　71

最判昭和39・1・23民集18巻1号37頁：百選25事件　60

最判昭和39・1・24判時365号26頁　25

最判昭和39・4・7民集18巻4号520頁　98

最判昭和39・9・15民集18巻7号1435頁：百選14事件　78

最判昭和39・10・16民集18巻8号1727頁　159

最判昭和39・11・24民集18巻9号1952頁：百選77事件　188

最判昭和40・4・9民集19巻3号632頁　77

最判昭和40・4・9民集19巻3号647頁：百選28事件　151

最判昭和40・11・16民集19巻8号1970頁：会社百選25事件　53

最判昭和41・3・4民集20巻3号406頁　125

最判昭和41・4・22民集20巻4号734頁：百選72事件　164,177

最判昭和41・6・16民集20巻5号1046頁　109

最判昭和41・6・21民集20巻5号1084頁　125

最判昭和41・7・1判タ198号123頁　73

最判昭和41・9・13民集20巻7号1359頁：百選2事件　50

最判昭和41・10・13民集20巻8号1632頁：百選39事件　95

最大判昭和41・11・2民集20巻9号1674頁：百選44事件　109

最判昭和41・11・10民集20巻9号1756頁　108

最判昭和42・3・14民集21巻2号349頁：百選21事件　112

最判昭和42・3・28金判60号17頁　177

最判昭和42・3・31民集21巻2号483頁：百選85事件　190

最判昭和42・4・20民集21巻3号697頁　79

東京地判昭和42・4・21下民集18巻3=4号409頁　152

最判昭和42・4・27民集21巻3号728頁：百選33事件　140

最判昭和42・6・6判時487号56頁：百選12事件　82

最判昭和42・11・2民集21巻9号2278頁　79

最判昭和42・11・8民集21巻9号2300頁：百選67事件　166,204

最判昭和43・3・21民集22巻3号665頁：百選82事件　191

最判昭和43・12・12民集22巻13号2963頁：百選1事件　48

最判昭和43・12・24民集22巻13号3382頁：百選13事件　78

最判昭和43・12・25民集22巻13号3511頁：会社百選58事件　69

最大判昭和43・12・25民集22巻13号3548頁：百選36事件　142

最判昭和44・1・30判時548号96頁　47

最判昭和44・2・20民集23巻2号427頁：百選41事件　107

最判昭和44・3・4民集23巻3号586頁　43

最判昭和44・3・27民集23巻3号601頁：百選59事件　60,158

最判昭和44・4・3民集23巻4号737頁：百選15事件　55,68

最判昭和44・4・15判時560号84頁：百選95事件　202

最判昭和44・4・15民集23巻4号755頁：総則・商行為百選106事件　32,33

札幌高判昭和44・8・13下民集20巻7＝8号580頁　107

最判昭和44・9・12判時572号69頁：百選70事件　170

最判昭和44・11・4民集23巻11号1951頁　50

最判昭和45・2・26民集24巻2号109頁　80

最判昭和45・3・31民集24巻3号182頁：百選63事件　185

最判昭和45・4・21民集24巻4号283頁：百選49事件　118

最判昭和45・6・18民集24巻6号544頁　184

最判昭和45・6・24民集24巻6号712頁：百選52事件　125

最判昭和45・7・16民集24巻7号1077頁：百選35事件　143

最判昭和45・11・11民集24巻12号1876頁　106,109

最判昭和46・4・9民集25巻3号264頁：百選88事件　60

最判昭和46・6・10民集25巻4号492頁　174

最判昭和46・10・13民集25巻7号900頁：百選37事件　69

最判昭和46・11・16民集25巻8号1173頁：百選8事件　53

最判昭和47・2・10民集26巻1号17頁：百選4事件　66,67

東京地判昭和47・3・28判時665号88頁　133

最判昭和47・4・6民集26巻3号455頁：百選79事件　192

広島高判昭和47・5・1下民集23巻5＝8号209頁　108

最判昭和47・11・10判時689号103頁　148

最判昭和48・3・22判時702号101頁　137

最判昭和48・11・16民集27巻10号1391頁　143

最判昭和49・2・28民集28巻1号121頁：百選48事件　128

最判昭和49・6・28民集28巻5号655頁：百選17事件　71,74

最判昭和49・9・26民集28巻6号1243頁　25

最判昭和49・12・19金法746号26頁　136

最判昭和49・12・24民集28巻10号2140頁：百選51事件　124

最判昭和50・8・29・判時793号97頁：百選19事件　175

最判昭和50・9・25民集29巻8号1287頁：百選92事件　168

最判昭和51・4・8民集30巻3号183頁：百選81事件　193

最判昭和52・6・20判時873号97頁：百選24事件　147

最高裁昭和52・9・22判時869号97頁, 金法841号35頁：百選34事件　151

最判昭和52・11・15民集31巻6号900頁：百選64事件　186

大阪地判昭和53・3・7金判566号41頁：百選5事件　184

最判昭和53・4・24判時893号86頁：百選47事件　127

最判昭和54・9・6民集33巻5号630頁：百選6事件　61,63

最判昭和54・10・12判時946号105頁：百選71事件　177

大阪高判昭和55・2・29判時973号122頁　126

最判昭和55・5・30民集34巻3号521頁：百選75事件　175

最判昭和55・7・15判時982号144頁：総則・商行為百選14事件　82

最判昭和55・9・5民集34巻5号667頁　71,74

最判昭和55・10・14金判610号3頁　157

最判昭和55・12・18民集34巻7号942頁：百選60事件　153

福岡高判昭和55・12・23判時1014号130頁：百選22事件　113

最判昭和56・7・17判時1014号128頁　66,122

最判昭和57・3・30民集36巻3号501頁：百選45事件　109

最判昭和57・7・15民集36巻6号1113頁：百選73事件　188

最判昭和57・9・7民集36巻8号1607頁：百選66事件　186

最判昭和57・11・25判時1065号182頁　180

最判昭和58・4・7民集37巻3号219頁　174

最判昭和59・3・29判時1135号125頁　77

最判昭和60・3・26判時1156号143頁：百選56事件　157

最判昭和61・7・10民集40巻5号925頁：百選38事件　89

最判昭和61・7・18民集40巻5号977頁：百選54事件　124

最判昭和62・10・16民集41巻7号1497頁：百選78事件　134

最判昭和63・10・18民集42巻8号575頁：百選58事件　161

大阪地判平成元・11・30判時1363号146頁　107

大阪地判平成 2 ・11・20金判870号22頁　152
大阪地判平成 4 ・10・28判タ811号190頁　152
最判平成 5 ・ 7 ・20民集47巻 7 号4652頁：百選
　42事件　106,107
最判平成 9 ・ 2 ・27民集51巻 2 号686頁：百選
　20事件　91
名古屋高判平成 9 ・10・31金商1031号32頁　62

大阪高判平成10・ 3 ・13金判1064号35頁　107
最判平成10・ 7 ・14民集52巻 5 号1261頁：百選

93事件　161
最判平成13・ 1 ・25民集55巻 1 号 1 頁：百選80
　事件　193
最判平成13・12・18判時1773号13頁：百選100
　事件　167
東京高判平成14・ 7 ・ 4 判時1796号156頁　107,
　108
最判平成23・12・15民集65巻 9 号3511頁：百選
　94事件　161

■ 判例索引　　235

著者紹介

早川　徹（はやかわ　とおる）

1958年　兵庫県に生まれる
1981年　京都大学法学部卒業
現　在　関西大学法科大学院教授
　　　　主要著書・論文
『商法総則講義〔第3版〕』（共著，成文堂，2007年）
『商行為法講義〔第3版〕』（共著，成文堂，2009年）
「手形の授受と原因債権」（民商法雑誌91巻1号・2号，
　　1984年）

ライブラリ　法学基本講義 = 11
基本講義　**手形・小切手法　第2版**

2007年 3 月 10日 ©	初　版　発　行
2017年 10月 10日	初版第12刷発行
2018年 12月 25日 ©	第 2 版　発　行
2022年 3 月 10日	第2版第6刷発行

著　者　早　川　　徹	発行者　森平敏孝
	印刷者　加藤文男
	製本者　小西惠介

【発行】　　　　株式会社　**新世社**
〒151-0051　東京都渋谷区千駄ヶ谷1丁目3番25号
☎(03)5474-8818(代)　　　サイエンスビル

【発売】　　　　株式会社　**サイエンス社**
〒151-0051　東京都渋谷区千駄ヶ谷1丁目3番25号
営業☎(03)5474-8500(代)　　振替　00170-7-2387
FAX☎(03)5474-8900

印刷　加藤文明社　　　製本　ブックアート
≪検印省略≫

本書の内容を無断で複写複製することは，著作者および
出版者の権利を侵害することがありますので，その場合
にはあらかじめ小社あて許諾をお求め下さい。

ISBN978-4-88384-288-9

PRINTED IN JAPAN

サイエンス社・新世社のホームページのご案内
http://www.saiensu.co.jp
ご意見・ご要望は
shin@saiensu.co.jp　まで.

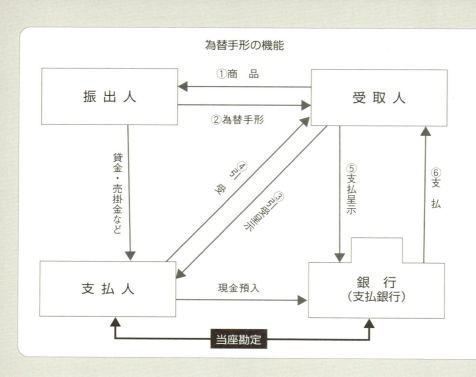

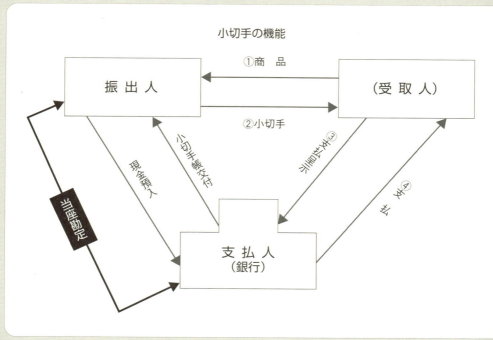

約束手形記入例

約束手形 [表面]

約束手形番号 130　A 00001

No.130　　約束手形　A 00001

受取人　株式会社○○部品工業　殿

金額　¥1,000,000

収入印紙

貼付

上記金額をあなたまたはあなたの指図人へこの約束手形と引きかえにお支払いいたします

平成 19 年 6 月 10 日

支払期日　平成 19 年 8 月 31 日

振出地　東京都千代田区大手町○の○

支払地　東京都千代田区

支払場所　株式会社○○銀行東京支店

振出人　株式会社□□製作所

代表取締役　吉本一郎 ㊞

"000" "1301 0801 001" 01111111 "00001

約束手形番号 130　A 00001

受取人　株式会社○○部品工業

金額　¥1,000,000

支払期日　平成 19 年 8 月 31 日

支払地　東京都千代田区

支払場所　株式会社○○銀行東京支店

振出日　平成 19 年 6 月 10 日

振出地　東京都千代田区

摘要　商品仕入代金

約束手形 [裏面]

表記金額を下記被裏書人またはその指図人へお支払いください

平成 19 年 7 月 10 日　　拒絶証書不要

住所　東京都あきる野市油平○-○

株式会社○○部品工業

代表取締役　村上二郎 ㊞

（目的）

被裏書人　△△加工株式会社　殿

表記金額を下記被裏書人またはその指図人へお支払いください

平成 19 年 8 月 10 日　　拒絶証書不要

住所　東京都大田区山王○-○

△△加工株式会社

代表取締役　谷川三郎 ㊞

（目的）

被裏書人　江藤四郎　殿

表記金額を下記被裏書人またはその指図人へお支払いください

平成 　 年 　 月 　 日　　拒絶証書不要

住所

（目的）

被裏書人　　　殿

表記金額を下記被裏書人またはその指図人へお支払いください

平成 　 年 　 月 　 日　　拒絶証書不要

住所

（目的）

被裏書人　　　殿

表記金額を受取りました

平成 　 年 　 月 　 日

住所